# GRAMMAIRE

## DE LA

# LANGUE FRANÇAISE

### RAMENÉE AUX PRINCIPES LES PLUS SIMPLES

PAR

## M. LUCIEN LECLAIR

PROFESSEUR AGRÉGÉ DE L'UNIVERSITÉ

Ouvrage approuvé par le Conseil supérieur de perfectionnement
de l'enseignement secondaire spécial.

# EXERCICES ÉLÉMENTAIRES

### EN RAPPORT AVEC

## LA GRAMMAIRE ÉLÉMENTAIRE

PAR

## MM. LECLAIR ET FRAICHE

---

## DOUZIÈME ÉDITION

ENTIÈREMENT REFONDUE

## PARIS

### LIBRAIRIE CLASSIQUE D'EUGÈNE BELIN

RUE DE VAUGIRARD, Nº 52.

1875

Tout exemplaire de cet ouvrage non revêtu de ma griffe sera réputé contrefait.

*Eug. Belin*

SAINT-CLOUD. — IMPRIMERIE DE Mᵐᵉ Vᵉ EUG. BELIN.

# PRÉFACE

DE LA DEUXIÈME ÉDITION.

Les *Exercices* sont le complément indispensable de toute grammaire, et contribuent puissamment à en faire comprendre et retenir les règles; mais en cette matière, la forme est, à notre avis, d'une grande importance.

Nous estimons d'abord que l'on doit respecter l'orthographe des mots, et la cacographie nous a toujours paru une mauvaise chose. En dénaturant et en estropiant les mots, on accoutume les yeux de l'enfant à l'aspect d'une orthographe vicieuse ; et comme à cet âge, la mémoire des yeux est plus fidèle que celle de l'esprit, l'élève se souvient moins du mot juste que du mot défectueux qu'on y a substitué. Nous avons donc conservé aux mots leur forme simple et régulière, laissant à l'intelligence de l'enfant le soin de leur faire subir les modifications indiquées en tête de chaque devoir.

En second lieu, les *Exercices* ne se composent ordinairement que de phrases détachées. Ce système offre, il est vrai, l'application directe et immédiate de la règle ; mais adopté à l'exclusion de tout autre, il a le grave inconvénient de n'offrir à l'enfant que très-peu d'intérêt.

Nous avons cherché à concilier l'application de la règle avec l'intérêt de la lecture. Pour cela, nous présentons sous le titre d'*Exercices*, une série de phrases détachées, puis, sous le titre de *Devoirs*, nous donnons des morceaux d'ensemble. Le développement d'une pensée morale ou d'un noble sentiment, un trait d'histoire, une anecdote, etc., forment le fond de ces textes. L'élève ajoute ainsi des connaissances générales à l'étude souvent aride du français.

Les exercices de ce livre élémentaire sont d'une simplicité extrême ; nous nous sommes attachés à faire ressortir la règle principale, sur laquelle nous revenons dans de fréquentes récapitulations ; les nuances ne sont pas de l'âge des enfants auxquels s'adresse ce petit livre : et nous estimons qu'un élève de huit à neuf ans a tiré bon profit d'une première année d'étude, quand il sait appliquer sans hésitation les règles fondamentales de l'accord. Nous n'avons pas visé au delà.

Cette nouvelle édition des *Exercices* a été mise en rapport avec la *cinquième édition* et suivantes, devenues définitives, de notre *Grammaire française*. Nous espérons que les importantes modifications apportées dans l'un et l'autre livre recevront un accueil favorable de la part des maîtres ; ils voudront bien y voir notre désir d'améliorer notre cours, et de le rendre digne de la faveur qu'il a rencontrée dans l'enseignement.

# EXERCICES ÉLÉMENTAIRES

## DU NOM OU SUBSTANTIF.

### 1. Nom commun et nom propre.

(§§ 13-14). Faites une liste des noms communs et une liste des noms propres.—
L'élève mettra une lettre minuscule aux noms communs et une lettre majuscule aux noms propres.

Ciel. — Étoile. — France. — Jules. — Bois. — Arbre.
— Jésus-Christ. — Lion. — Oie. — Maison. — Paul. —
Angleterre. — Rome. — Marbre. — Tuile. — Adam. —
Eve. — Chaumière. — Poule. — Henri. — Casquette. —
Bureau. — Table. — François. — Roi. — Reine. — Na-
poléon. — Louis. — Beurre. — Chou. — Italie. — Paris.
— Rhône. — Espagne. — Cheval. — Ane. — Charrette.
— Cocher. — Jean. — Fer. — Cuivre. — Argent. — Mé-
tal. — Méditerranée. — Vésuve. — Balai. — Canal. —
Venise. — Soleil. — Lune. — Poirier. — Cerisier. —
Clément. — Henriette. — Sœur. — Ami. — Canon. —
Poudre. — Feu. — Bataille. — Général. — Alexandre. —
Cirque. — Théâtre. — Louise. — Amédée.

### 2. Du nom collectif.

(§ 15). Faites une liste des noms communs, une liste des noms propres, et une
liste des noms collectifs. — On ne mettra une lettre majuscule qu'aux noms
propres.

Jeanne d'Arc. — Foule. — Vaisseau. — Soldat. — Tu-
renne. — Armée. — Homme. — Femme. — Joseph.
— Flotte. — Ouvrier. — Marchand. — Nation. — Arbre.
— Bûcheron. — Judas. — Multitude. — Marie. — Autel.
— Hôtel. — Forêt. — Prêtre. — Vicaire. — Assemblée. —

Mendiant. — Hôpital. — César. — Jacob. — Chanoine. —
Statue. — Raphaël. — Tableau. — Mensonge. — Men-
teur. — Empereur. — Peuple. — Nicolas. — Maison. —
Mouton. — Armée. — Animal. — Césarine. — Troupe. —
Serment. — Crayon. — Peintre. — Vérité. — Régiment.
— Fénelon. — Chaire. — Légion. — Marie. — Ciel. —
Étoile. — Rédemption. — Baptême. — Sacrement. —
Béatitude. — Mer. — Onde. — Flot.

---

## 3. DU GENRE.

(§§ 17-20). — Mettez *le* devant les noms masculins, *la* devant les noms féminins.
Ex. : *Le* père. *La* sœur, etc.

... père. — ... sœur. — ... tante. — ... paresse. — ...
travail. — ... table. — ... chaise. — ... fauteuil. — ...
pomme. — ... pommier. — ... ficelle. — ... corde. — ...
toupie. — ... chaîne. — ... cordon. — ... temple. — ...
porte. — ... maison. — ... foyer. — ... cheminée. — ...
poêle. — ... jardin. — ... cour. — ... grange. — ... professeur. — ... maître. — ... religieuse. — ... papier. — ...
plume. — ... devoir. — ... punition. — ... récompense.
— ... prix. — ... bruit. — ... tonnerre. — ... lumière.
— ... foudre. — ... nation. — ... peuple. — ... foule. —
... feuille. — ... chat. — ... cheval. — ... chatte. — ... jument. — ... bœuf. — ... vache. — ... lion. — ... lionne.
— ... patrie. — ... soldat.

---

### 4. Du genre.

Mettez *un* devant les noms masculins, *une* devant les noms féminins.
Ex. : *Un* parrain. *Une* mère.

... parrain. — ... mère. — ... cousin. — cousine. —
... carpe. — ... grenouille. — ... poire. — ... buisson. —
... lézard. — ... renard. — ... doigt. — ... colline. — ...
pâturage. — ... pompe. — ... figure. — ... pied. — ...
coteau. — ... montagne. — ... fleuve. — ... rivière. —
... sangsue. — ... écrevisse. — ... boucherie. — ... verre.

— ... ver. — ... merle. — ... alouette. — ... baleine. —
... chien. — ... chienne. — ... coq. — ... poule. — ...
escargot. — ... perroquet. — ... perruche. — ... serpent.
— ... vipère. — ... cabriolet. — ... chariot. — ... charrette. — ... calèche. — ... prunier. — ... prune. — ...
linge. — ... rat. — ... écureuil. — ... tortue. — ... souris.
— ... salon. — ... chambre. — ... guéridon. — ... table.
— ... chaise. — ... fauteuil. — ... tapis. — ... serviette. —
... miroir. — ... vitre. — ... thé. — ... café. — ... tisane
— ... boisson.

## PLURIEL DES NOMS.

### 5. Cas général.

( § 23 ). — Mettez tous les noms au pluriel. Ex. : Une plume, des *plumes*, etc.

Une plume, des... — Un canif, des... — Le pantalon,
les... — La jupe, les... — Un bonnet, des... — Une casquette, des... — La porte, les... — Une école, des... —
Un banc, des... — Le fil, les... — Un enfant, des... — Une
cage, des... — La prison, les... — Un champ, des... — La
parole, les... — Un besoin, des... — Une attention, des...
Le grain, les... — Une miette, des... — Un navire, des
... — Un diamant, des... — Le paysan, les... — La croi-
sée, les... — Un lit, des... — Le poisson, les... — La
feuille, les... — Un oranger, des... — Un nid, des... —
Un gant, des... — Le navet, les... — Une histoire, des...
— Le canton, les... — Un requin, des...

### 6. Pluriel des noms.

Mettez tous les noms au singulier. Ex. : Des chiens, un *chien*.

Des chiens, un... — Les prisons, la... — Des roses,
une... — Des violettes, une... — Les chèvres, la... — Les
boucs, le... — Des chats, un... — Des chattes, une... —
Les cerfs, le... — Les biches, la... — Les écoliers, l'... —
Les devoirs, le... — Des lampes, une... — Les portiers,

8 PLURIEL DES NOMS.

le... — Des fourchettes, une... — Des traversins, un... —
Des abeilles, une... — Les fourmis, la... — Les pigeons,
le... — Des mûriers, un... — Des cerisiers, un... — Des
raisins, un... — Les dessins, le... — Des papiers, un..,.
— Des pains, un... — Les draps, le... — Des cols, un...
— Les cheminées, la... — Des dortoirs, un... — Les sentiers, le... — Des curés, un... — Les prêtres, le...

---

### 7. Noms en s, x, z.

(§ 23-I ).—Mettez tous les noms au pluriel. — Ex. : Le voyageur, les *voyageurs*.
Le nez, les *nez*, etc.

Le voyageur, les... — Le nez, les... — Un abricot, des
... — Une dame, des... — Le fils, les... — Le corps, les
... — Le vieillard, les... — Le nuage, les... — Le bras, les
... — Une vis, des... — Un mois, des... — La nuit, les...
— La voix, les... — Le rocher, les... — Un étui, des...
— La toux, les... — Le gaz, les... — Un bois, des... —
Une forêt, des... — Le discours, les... — Le printemps,
les... — Le temps, les... — Un cabinet, des... — Le
Français, les... — Un cadenas, des... — Un magasin,
des... — Une cerise, des... — Un époux, des... — La
croix, les... — Le velours, les... — Un palais, des...

---

### 8. Pluriel des noms en *eau* et en *eu*.

( § 23, I, II ). — Mettez tous les noms au pluriel. Ex. : Un bateau, des *bateaux*.
Un roseau, des *roseaux*.

Un bateau, des... — Un roseau, des... — Le vaisseau,
les... — Un abri, des... — Un chemin, des... — Le dra-
peau, les... — Un tableau, des... — Le pinceau, les... —
Un cheveu, des... — Un pieu, des... Une chaise, des...
Un cadeau, des... — Un essieu, des... — Le préau, les...
— Un lit, des... — Le rouleau, les... — Un copeau, des...
Un râteau, des... — Une eau, des... — Un sabot, des... —
Un adieu, des...—Un neveu, des...— Un écriteau, des...—
Un noyau, des... — Un jeu, des... — Un vœu, des...—

Un tuyau, des... — Le taureau, les... — Un hameau, des... — Un feu, des... — Un plaisir, des... — Le voisin, les... — Un trousseau, des... — Le chapeau, les... — Un rocher, des... — Un étui, des... — Un seau, des... — Le tuyau, les... — Le château, les... — Un cadeau, des...

---

### 9. Pluriel des noms en *eau, eu* et *ou.*

( § 23, I, II).— Mettez tous les noms au pluriel. Ex.: Un bijou, des *bijoux.* Un sou, des *sous,* etc.

Un bijou, des... — Un sou, des... — Le flambeau, les... — Un moineau, des... — Un écrou, des... — Un feu, des... — Un fardeau, des... — Le trou, les... — Le joujou, les... — Le coucou, les... — Le copeau, les... — Le cerceau, les... — Un bambou, des... — Un clou, des... — Le caillou, les... — Le pou, les... — Le barreau, les... — Le rideau, les... — Le veau, les... — Le chou, les... — Un genou, des... — Le verrou, les... — Le hibou, les... — Un adieu, des... — Le seau, les... — Un essieu, des... — Le tombereau, les... — Le corbeau, les... — Un arbrisseau, des... — Un licou, des... — Le fou, les... — Le poireau, les... — Le neveu, les... — Le coucou, les... — Le noyau, les... — Un pruneau, des... — Le museau, les... — Le morceau, les... — Un enjeu, des... — Le manteau, les... — Le fourneau, les... — Le gâteau, les... — Un chameau, des... — Le filou, les... — Le pieu, les...

---

### 10. Pluriel des noms en *al.*

( § 23, I, II, III ).— Mettez tous les noms au pluriel. Ex. : Le confessionnal les *confessionnaux.* Le bal, les *bals,* etc.

Le confessionnal, les... — Le bal, les... — Un tableau, des... — Un canal, des... — Un animal, des... — Un hôpital, des... — Un cheveu, des... — Un végétal, des... — Un minéral, des... — Le corbeau, les... — Le procès-verbal, les... — Un vœu, des... — Le total, les... — Le

1.

régal, les... — Un moineau, des... — Un piédestal, des...
— Le drapeau, les... — Le rival, les... — Le général, les...
— Un caporal, des... — Le cheval, les... — Un bocal, des
... — Un tribunal, des... — Un mal, des... — Un cou-
teau, des... — Le journal, les... — Le capital, les... —
Le fardeau, les... — Un original, des... — Un quintal,
des... — Un arsenal, des... — Le vassal, les... — Le ra-
deau, les... — Le râteau, les... — Un oiseau, des... —
Le maréchal, les... — Un local, des...

---

### 11. Pluriel des noms en *ail*.

( § 23, I, II, III, IV ). — Mettez tous les noms au pluriel. Ex. : Le portail, les *portails*, etc.

Le portail, les... — Le détail, les... — Un lieu, des...
— Un attirail, des... — Une proie, des... — Un bail, des...
— Un Allemand, des... — Le camail, les... — Le colla-
téral, les... — Une vertu, des... — Le corail, les... — Un
lit, des... — Un doigt, des... — Un paysan, des... — Le
char, les... — La clef, les... — Un émail, des... — La
mer, les... — Un ver, des... — Le pont, les... — Un
épouvantail, des... — La loi, les... — Une oie, des... —
Le gouvernail, les... Un provincial, des... — Un épi,
des... — Le blé, les... — Le poitrail, les... — Le sérail,
les... — Une dent, des... — Un penchant, des... — La
toupie, les... — Un vantail, des... — Un rail, des... —
Le wagon, les... — Le tender, les... — Un viaduc, des...
— Le tunnel, les... — Le soupirail, les... — Le vitrail,
les... — Un éventail, des...

---

# RÉCAPITULATION

## sur le pluriel des noms.

### 12. LA TRAITE DES NÈGRES.

Mettez au pluriel les noms imprimés en italique.

On appelle traite des (*nègre*) l'abominable coutume d'aller sur les (*côte*) d'Afrique profiter des (*instinct*) grossiers

des (*peuple*) qui les habitent, pour enlever les (*habitant*) par la ruse, en profitant de leurs (*désir*) et de leurs (*passion*). Car pour quelques (*tonneau*) d'eau-de-vie, quelques (*bijou*) en verre, des (*couteau*), des (*fusil*), on obtenait en échange des (*homme*), des (*femme*) et des (*enfant*). On entassait ces malheureux sur des (*vaisseau*), où l'air et l'espace leur manquaient; on les chargeait de (*chaîne*), on leur faisait subir d'atroces (*traitement*) qui les décimaient avant l'arrivée. Aux (*colonie*), on les conduisait au marché comme des (*bétail*); on les mettait à prix comme on fait dans les (*foire*) pour les (*animal*).

Là, sans égard pour leurs (*supplication*), on séparait les (*enfant*) de leurs (*mère*), les (*épouse*) de leurs (*mari*), on les livrait à leurs (*maître*) sans même leur laisser le temps des derniers (*adieu*), puis on les employait aux (*travail*) les plus pénibles. Les (*cheveu*) se dressent sur la tête au récit des (*supplice*) qu'on leur infligeait quelquefois pour les punir. Mais enfin les (*vœu*) de l'humanité ont été écoutés. Les (*nation*) européennes ont renoncé à ces odieux (*trafic*). Dans nos (*colonie*) il n'y a plus d'(*esclave*) : les (*nègre*) qu'on emploie ne sont plus assimilés aux (*cheval*) et aux (*bœuf*), ils ne servent qu'en vertu de (*convention*) volontaires; et si quelques (*nation*) américaines ont encore conservé ces tristes (*usage*), il est du moins permis de prévoir l'époque où ils auront totalement disparu.

---

### 13. UN MARIAGE CHEZ LES ARABES.

J'arrivai de bonne heure aux (*limite*) du camp, et bientôt le bruit extraordinaire et les (*détonation*) que j'entendis m'annoncèrent le commencement de la fête; il s'agissait de quatre (*mariage*) entre les (*enfant*) des plus riches (*famille*) de la tribu. Les (*femme*) arabes trayaient leurs (*chèvre*) en poussant des (*cri*) aigus, qui sont ici des (*signe*) d'allégresse. Pendant ce temps, les (*âne*) braient, les (*cheval*) hennissent, et les (*bœuf*) qui paissent çà et là leur répondent par leurs (*mugissement*). Les (*décharge*) inces-

santes des (*fusil*) de la tribu et des (*tribu*) environnantes
viennent à leur tour accroître et accentuer cet infernal va-
carme. Je me hâtai d'avaler quelques (*aliment*), et oubliant
ma fatigue, j'allai me mêler aux (*parent*) et aux (*ami*) qui
accompagnaient les (*fiancé*). Les (*cérémonie*) du mariage
furent très-simples; quelques (*agneau*) furent égorgés sur
le seuil des (*demeure*) des jeunes (*époux*), et tout fut dit.
Alors les (*fiancé*), les (*sourcil*) et les (*cheveu*) teints d'une
couleur éclatante, revêtirent de riches (*habit*), sortirent de
leurs (*tente*), montèrent sur des (*chameau*), firent trois (*fois*)
le tour des (*domaine*) de la tribu, puis gagnèrent leur nouvelle demeure.

---

### 14. LAISSEZ LA LIBERTÉ AUX OISEAUX.

Des (*enfant*) prirent dans des (*filet*) de jeunes (*chardonneret*). Heureux d'avoir ces jolis (*oiseau*), ils ne songè-
rent plus qu'à en avoir les plus grands (*soin*); ils leur don-
nèrent les (*grain*) les plus beaux et les plus frais, les (*bis-
cuit*) les plus délicats; ils arrangèrent leurs (*cage*) avec les
plus grandes (*précaution*) et les remplirent de (*gâteau*) de
toutes (*sorte*). Un jour cependant, ils oublièrent de fermer
les (*porte*) de ces charmantes (*prison*). Aussitôt les petits
(*favori*) prirent leur vol, et regagnèrent les (*champ*) où ils
étaient nés. Les (*enfant*) employèrent, pour les rappeler,
les plus tendres (*prière*), les (*accent*) les plus persuasifs. Où
allez-vous, leur disaient-ils, pauvres (*petit*)? Avez-vous eu
quelques (*besoin*) que nous n'ayons aussitôt satisfaits? Ne
vous avons-nous pas donné toutes les (*douceur*) de la vie?
Quels (*soin*), quelles (*attention*) vous ont donc manqué, que
vous nous fuyez maintenant? Mais alors ils entendirent les
petites (*voix*) des (*chardonneret*) qui répondaient : Nous ne
voulons plus de vos (*soin*), ni de vos (*gâteau*), ni de vos
(*cage*) dorées, nous avons plus que vous ne pourriez nous
donner, nous sommes libres!

# DE L'ADJECTIF.

## FÉMININ DES ADJECTIFS.

### 15. Cas général.

( § 28 ). — Mettez tous les adjectifs au féminin. Ex. : Un homme grand,
une femme *grande,* etc.

Un homme *grand,* une femme... — Le garçon *méchant,*
la fille... — Un pantin *joli,* une poupée... — Un caillou
*dur,* une pierre... — Un soleil *brillant,* une lune... — Un
monsieur *poli,* une personne... — Un cœur *innocent,* une
âme... — Un écuyer *adroit,* une écuyère... — Un bois
*obscur,* une forêt... — Un bol *plein,* une tasse... — Un por-
trait *parfait,* une ressemblance... — Un mur *gris,* une muraille... — Un appartement *gai,* une maison... — Un habit
*chaud,* une couverture... — Le drap *bleu,* l'étoffe... — Le
blé *vert,* l'herbe... — Un corridor *étroit,* une allée... — Le
fruit *mûr,* la pomme... — Le visage *laid,* la figure... — Le
frère *instruit,* la sœur... — Le père *indulgent,* la mère...

### 16. Féminin des adjectifs.

#### Même devoir.

Le monsieur *bienfaisant,* la dame...—L'homme *sourd,* la
femme...—Le poids *exact,* la mesure... — Le cor *bruyant,*
la trompette... — Un fait *certain,* une aventure... —
Le caractère *parfait,* la douceur... — Le serviteur *négligent,*
la servante... — Un paysage *gai,* une vue... — Un mur
*haut,* une échelle... — Le nuage *noir,* la nuée...—Le temps
*froid,* la saison... — Le soldat *français,* l'armée... — Le
cœur *droit,* la conscience... — Un trou *profond,* une blessure... — Un costume *élégant,* une tournure... — Un jeune

homme *adroit*, une demoiselle... — Du vin *pur*, de l'eau...
— Un fruit *cru*, de la viande... — L'esprit *divin*, la bonté...
— Un caractère *égal*, une humeur... — Le village *voisin*,
la ville...

---

**17. Féminin des adjectifs en *el, eil, en, on, et.***

( § 28, II ). — Mettez tous les adjectifs au féminin. Ex. : Le monde ancien,
l'histoire *ancienne*.

Le monde *ancien*, l'histoire... — Le lion *cruel*, la lionne
... — L'état *actuel*, la situation... — Le teint *vermeil*, la
joue... — Le *sourd-muet*, la... — Un ruban *violet*, la soie...
— Le baiser *fraternel*, l'amitié... — L'homme *bon*, la
femme... — Le pain *quotidien*, la prière... — Un art *païen*,
une coutume... — Le *nouvel* an, la ... année. — L'amour
*paternel*, l'affection... — Le vol *aérien*, la route... — Un
*vieil* édifice, une... maison. — Le coup *mortel*, la blessure...
— Le visage *pareil*, la taille... — Un malheur *réel*, une infortune... — Le jour *solennel*, la fête... — Le chat *gentil*,
la chatte... — Un garçon *coquet*, une fille... — Un lit *douil-
let*, une couche... — Un *bel* enfant, une ... petite fille. —
Un discours *spirituel*, une histoire... — L'esprit *chrétien*,
la charité... — Le corps *fluet*, la taille... — Un devoir *net*,
une copie... — Le châtiment *corporel*, la peine...

---

**18. Féminin des adjectifs.**

( § 28, I, II, III, IV ). — Mettez tous les adjectifs au féminin. Ex. : Un malheur
complet, une infortune *complète*, etc.

Un malheur *complet*, une infortune... — Un enfant *replet*, une petite fille... — Un projet *fou*, une imagination...
— Un *beau* tableau, une... gravure. — Un coq *gras*, une
poule... — Un *sot* projet, une ... réponse. Le *beau* palais,
la ... maison. — Un trésor *secret*, une fortune... — Un fruit
*mou*, une poire... — Un esprit *nul*, une intelligence... —
L'air *vieillot*, la tournure... — Le sol *bas*, la maison... —

Le père *inquiet*, la mère... — Un ami *discret*, une amie...
— Un faon *gentil*, une biche... — Un *gros* pain, une ...
miche. — Le marchand *las*, la marchande... — Un ordre
*exprès*, une défense... — Un sirop *épais*, une crème... —
Un *nouvel* habit, une... toilette.

---

### 19. Adjectifs en f et en x.

( § 28, V, VI ). — Mettez tous les adjectifs au féminin. Ex. : Un mot *bref*,
une parole *brève*, etc.

Un mot *bref*, une parole... — Un soin *pieux*, une pensée
... — Le pas *tardif*, la marche... — Le cœur *jaloux*, l'âme
... — L'écolier *laborieux*, l'écolière... — Un pas *vif*, une
démarche... — Le loup *furieux*, la louve... — L'esprit *naïf*,
la parole... — Un palais *neuf*, une maison... — Le repas
*joyeux*, la noce... — Un fait *douteux*, une date... — Un
fruit *doux*, une pomme... — Un cheval *roux*, une jument...
— Un phénomène *curieux*, une chose... — Le *faux* récit,
la... nouvelle. — Le peuple *fugitif*, la nation... — L'homme
*veuf*, la femme... — Un esprit *oisif*, une tête... — Un corps
*maladif*, une santé... — Un enfant *chétif*, une nature... —
Le prix *excessif*, la dépense...

---

### 20. Féminin des adjectifs en eur.

( § 28, VII ). — Mettez tous les adjectifs au féminin. Ex. : Un air trompeur,
une figure *trompeuse*, etc.

Un air *trompeur*, une figure... — Le perroquet *parleur*,
la pie... — Un monsieur *causeur*, une dame... — L'oiseau
*fileur*, l'araignée... — Un peuple *voyageur*, une tribu... —
Le fil *conducteur*, la foi... — Un cerveau *rêveur*, une tête...
— Un paysan *glaneur*, une troupe... — L'ours *dormeur*,
la marmotte... — Le chien *voleur*, la pie... — Un fait *accu-
sateur*, une parole... — Un air *moqueur*, une chanson... —
Un visage *boudeur*, une mine... — Un chat *joueur*, une
chatte... — Le caractère *rieur*, la bouche... — Le maître

*moniteur*, la demoiselle... — Le prince *bienfaiteur*, la princesse... — L'ami *emprunteur*, l'amie... — Un pouvoir *médiateur*, une volonté... — Le peuple *spectateur*, la foule...

---

### 21. Féminin des adjectifs.

(28, VIII, IX).—Mettez les adjectifs au féminin. Ex.: Le meilleur remède, la *meilleure* tisane, etc.

Le *meilleur* remède, la ... tisane. — Un *bon* fils, une ... fille. — Un *sot* livre, une ... pensée. — Un *gentil* chapeau, une ... coiffe. — Un *long* chemin, une ... route. — Un *tiers* parti, une ... partie. — Un fils *jumeau*, une fille... — Un lieu *frais*, une eau... — Un bal *public*, une place... — Le peuple *turc*, la nation... — Un profil *grec*, une statue... — Un mal *bénin*, une blessure... — Un *beau* noyer, une ... noix. — Un sirop *épais*, une crème... — Un *nouveau* chemin, une ... route. — Un mur *bas*, une porte... — Un ton *majeur*, une note... — Un garçon *mineur*, une fille... — Le côté *antérieur*, la partie... — Un ruban *blanc*, une robe... — Un parler *franc*, une parole...

---

# RÉCAPITULATION

## sur le féminin des adjectifs.

### 22. LES CHINOIS.

L'élève mettra tous les adjectifs au féminin.

Ceux qui ont fréquenté la nation (*chinois*) ont été frappés de l'absence (*général*) de toute probité chez ce peuple. Peut-être cette (*vicieux*) tendance est-elle moins (*grave*) lorsque la tentation est plus (*rare*). Mais il est d'autres défauts qui paraissent régner dans toute l'étendue de cette (*vaste*) contrée, telles sont l'indolence (*efféminé*) chez la classe (*supérieur*), et la malpropreté (*excessif*) de la classe (*inférieur*). Les riches, en effet, ne sauraient prendre la (*léger*) peine de manger eux-mêmes ; une esclave, spécialement chargée de cette (*important*) fonction, porte à leur bouche (*paresseux*) la nourriture triturée d'avance, tandis que les pauvres dévorent avec une gloutonnerie (*incroyable*) tout ce qui leur tombe sous la main.

La nation (*chinois*) est encore (*barbare*), mais asservie et dressée. L'attitude des Chinois est (*humble*) et (*discret*) ; leur bouche (*muet*), ou leur parole (*insinuant*) comme celle d'une esclave qui veut plaire. L'abstinence (*habituel*) de toute nourriture (*échauffant*) ou de toute liqueur (*enivrant*), l'usage du thé, leur donnent une constitution (*replet*) et (*gras*), qui est chez eux très en honneur ; aussi la femme (*chinois*), assez (*gentil*) dans sa jeunesse, ne tarde-t-elle pas à devenir (*gros*), (*épais*) ; (*las*) au moindre travail, elle est à peu près (*nul*) dans la famille.

-----

### 23. L'ABBÉ DE L'ÉPÉE (1).

Quelle (*beau*) invention que celle de l'abbé de l'Epée ! Sans lui toute une classe trop (*nombreux*), hélas ! celle des sourds-muets, se verrait condamnée à n'avoir jamais ni éducation, ni idées, ni relations (*social*). L'abbé de l'Épée fut un de ces hommes dont la vie (*actif*) se passa tout (*entier*) au soulagement des misères de l'humanité. Sa famille était (*natif*) de Versailles ; destiné par son père à la (*coûteux*) étude des sciences, il préféra, à dix-sept ans, la carrière (*ecclésiastique*), qui convenait en tous points à sa nature (*doux*) et (*naïf*). N'ayant point de (*faux*) ambition, il se contenta d'un modeste canonicat, et refusa même un évêché que lui offrit le cardinal Fleury. C'est à cette époque que remonte la (*premier*) idée de la (*nouveau*) langue.

Depuis longtemps ému de l'(*affreux*) destinée des sourds-muets, qu'une (*vieux*) habitude confinait encore dans un hôpital, il recueillit une (*pauvre*) enfant abandonnée, et entreprit de l'instruire. Sa peine fut bien longtemps (*infructueux*) ; sa tentative fut qualifiée de (*fou*) imagination par

(1) L'abbé de l'Epée, fondateur de l'institution des Sourds-Muets, à Paris (1712-1789).

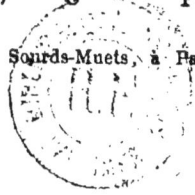

ses contemporains ; il n'en parvint pas moins, à force de patience, à créer une langue (*mimique*) aussi (*bref*) qu'(*intelligible*), et qui permit à son élève, non-seulement de le comprendre, mais encore d'exprimer avec une (*heureux*) clarté l'idée la plus (*subtil*) et la plus (*abstrait*). Une fois trouvée, la (*nouveau*) découverte marcha rapidement. Il y consacra ses forces et sa vie. Un jour, l'impératrice Catherine II voulut lui offrir un présent ; il refusa d'abord ; et, comme elle le pressait : Eh bien ! dit-il, envoyez-moi un sourd-muet.

---

## PLURIEL DES ADJECTIFS.

### 24. Cas général.

( § 29, I ). Mettez tous les mots au pluriel. Ex. : *Les vilains singes, les bonnes pommes*, etc.

Le vilain singe, les... — La bonne pomme, les ... — Un grand bâton, de ... — Un voile épais, des ... — Un fruit doux, des ... — Une pierre dure, des ... — Un laid animal, de ...— L'homme bienfaisant, les ... — L'enfant obéissant, les ... — La jolie chienne, les ... — Un gros épi, de ... — Le gras pâturage, les... — Un vieux château, de ... — Une vieille maison, de ... — Le temple païen, les ... — Un voyage ruineux, des ... — Une parole maligne, des ... — La tasse fragile, les ... — Un vase précieux, des ... — Un garçon naïf, des... — Une fille naïve, des ... — Un fauteuil bas, des ...

### 25. Pluriel des adjectifs.

( § 29, II, III, IV ).—Mettez tous les mots au pluriel. Ex. : *Des habits nouveaux, des combats navals*, etc.

Un habit nouveau, des ... — Un combat *naval*, des ... — Un frère jumeau, des... — Un accueil amical, des ... — Un coup brutal, des ... — Le beau fusil, les ... — Un crime

capital, des... — La peine capitale, les... — Le font bap-
tismal, les... — Le parfum oriental, les... — L'exercice
grammatical, les... — Un nombre décimal, des... — Un
ordre verbal, des... — Un palais royal, des... — Un usage
provincial, des... — Un mot proverbial, des... — Le bien
patrimonial, les... — Un pays occidental, des... — Le
droit national, les... — Le son musical, les... — Le pays
*natal* (1), les... — Le calcul *mental,* les...

---

### 26. Pluriel des adjectifs.

#### Même devoir.

Le soin médical, les... — Un fruit médicinal, des... —
Un acte loyal, des... — Le droit légal, les... — Le mur
latéral, les... — Un chant *jovial,* des... — L'esprit infernal, des... — Le pouvoir impérial, les... — Un vent *glacial,* les... — Un repas *frugal,* des... — Le point *final,*
les... — Le devoir *filial,* les... — L'événement *fatal,* les
... — Le plan horizontal, les... — Le sens vertical, les
... — Le nouveau pays, les... — Le beau cahier, les...
— Un désastre local, des... — Le revenu fiscal, les...

---

### 27. Exercice général.

Changez le singulier en pluriel et le pluriel en singulier. Ex. : *Le dernier
beau jour. De gros melons,* etc.

Les derniers beaux jours, le... — Un gros melon,
de... — De joyeux spectateurs, un... — Le premier
grand froid, les... — Une bonne petite main, de... — Un
joli soulier bleu, de... — De grandes vilaines jambes,
une... — Un gros gentil poupon, de... — Un grand cierge
*pascal,* de... — De cruels combats navals, un... — Un
beau jardin fleuri, de... — De grands bois ombreux,
un... — Des frères jumeaux, un... — Un mal moral, des

---

(1) Les adjectifs en *al* usités au pluriel masculin font généralement leur pluriel en *aux;* quant aux adjectifs peu usités au pluriel, ils font plutôt leur
pluriel en *als,* avec un *s.* — Nous avons indiqué ces derniers par le caractère
italique.

... — Des paresseux incorrigibles, un ... — Un vilain menteur, de ... — L'écolier turbulent, les ... — Un bon et brave cœur, de ... — Un pauvre vieil aveugle, de ... — Un orphelin sourd-muet, des ... — La belle grande dame, les...

---

## RÉCAPITULATION GÉNÉRALE

### sur l'Adjectif.

#### 28. LE MIRAGE.

Mettez au pluriel tous les mots en italique.

Le soleil dardait de tous côtés ses rayons (*brûlant*); le vent du désert soulevait autour de nous en tourbillons (*étouffant*), une fine poussière dont les grains (*imperceptible*) et (*salé*) entraient dans nos yeux (*desséché*) et (*affaibli*). Tout à coup, tout au loin, apparurent les ruines (*gigantesque*) d'une ville antique, des portiques (*superbe*), d'(*orgueilleux*) palais; les tourelles (*gracieux*) des maisons de plaisance se reflétaient dans les flots (*pur*) et (*rafraichissant*) d'un immense lac, dont de (*nombreux*) cascades augmentaient encore les attraits et la fraîcheur. Attirés par ce spectacle inespéré, qui promettait enfin un terme à d'(*intolérable*) tourments, nous pressâmes les pas (*alourdi*) de nos chevaux, nous parcourûmes en quelques heures plusieurs lieues dans les sables (*mouvant*), par les chemins les plus (*impraticable*). Hélas! ce fut en vain; cette ville, ce lac, ces cascades, tout cela n'était que de (*vain*) illusions, tout cela n'existait que dans nos yeux (*troublé*) et dans nos imaginations, surexcitées sans doute par nos (*long*) souffrances; tout cela n'était que le mirage, ce trompeur phénomène du désert!

---

#### 29. LES RENARDS.

Les renards sont (*fameux*) par leurs ruses, et méritent en partie leur (*mauvais*) réputation. Ce que les loups (*dé-

*vorant*) ne font que par la force, eux le font par leur ruse et leur adresse (*inimitable*), et réussissent plus souvent. Ils ont en eux-mêmes des ressources (*infini*). (*Fin*) autant que (*circonspect*), (*ingénieux*) et (*prudent*), ils savent varier leur conduite suivant les circonstances (*nouveau*), et ils ont toujours quelques moyens (*extrême*) qu'ils savent n'employer qu'à propos.

Se fiant peu, pour leur conservation, à la vitesse de leur course, ils se pratiquent des asiles dans des fourrés (*épais*), ils s'y retirent dans les dangers (*imminent*), y amassent des feuillages (*doux*) et bien (*sec*), et y élèvent leurs petits. Ce ne sont point des animaux (*vagabond*), mais des animaux (*domicilié*). Ils sont très-(*matineux*); logés dans le voisinage des (*grand*) fermes, ils écoutent les chants (*éclatant*) du coq, puis, prenant bien leur temps, cachant leurs (*cruel*) desseins, ils rampent, se glissent, et font rarement des tentatives (*inutile*); s'ils peuvent franchir les clôtures (*intérieur*) ou passer par-dessous, ils ravagent la basse-cour, mettent tout à mort, se retirent en emportant quelques victimes (*sanglant*), puis font de (*nouveau*) voyages, jusqu'à ce que le jour ou le bruit des hommes, avec qui ils savent ne pas avoir de rapports (*cordial*), les oblige à ne plus revenir.

On a souvent essayé d'apprivoiser des renards, mais ils conservent toujours leurs instincts (*malin*) et (*trompeur*), et quelque (*amical*) que semblent leurs caresses, il est sage de s'en méfier. Le renard de nos pays a une fourrure aux poils (*roux*) assez estimée; dans les climats (*glacial*) du pôle nord, les renards sont entièrement (*blanc*).

## 30. JÉRUSALEM.

Le soleil venait de se coucher, une bande (*rougeâtre*) marquait encore sa place derrière les montagnes (*lointain*) de la Syrie. La (*plein*) lune, à l'orient, s'élevait sur un fond aux teintes (*bleuâtre*), l'atmosphère était (*chaud*) et (*serein*), les rayons (*mourant*) du jour tempéraient les (*sombre*) horreurs des ténèbres. La fraîcheur (*naissant*) de la nuit calmait les feux (*dévorant*) de la terre (*embrasé*). Les pâtres (*indolent*) avaient rentré leurs troupeaux (*vagabond*), l'œil n'apercevait plus aucun mouvement dans ces plaines (*monotone*) et (*muet*). A de (*rare*) intervalles seulement, on entendait les clameurs (*discordant*) des oiseaux de proie ou les aboiements (*lugubre*) des chacals ; la nuit croissait toujours plus (*épais*), et dans le crépuscule mes regards (*incertain*) ne distinguaient plus que les silhouettes (*trompeur*) des colonnes (*antique*) et des murs en ruines. Ces lieux tout à l'heure si (*beau*), maintenant (*solitaire*), cette soirée sans (*pareil*), cette scène (*majestueux*) plongèrent mon esprit dans de (*religieux*) méditations. L'aspect d'une (*grand*) cité (*désert*), la mémoire des temps (*ancien*), la comparaison avec les époques (*actuel*), tout éleva mon cœur à de (*haut*) pensées. Ici, me dis-je, ici fleurit une ville (*opulent*) et (*heureux*), ici fut la résidence (*primitif*) d'une longue génération de rois (*puissant*). Pour quelle cause (*secret*) la fortune de ces contrées est-elle si fort changée ? Pourquoi cette (*ancien*) population ne s'est-elle pas reproduite et perpétuée ?

## ADJECTIFS DÉTERMINATIFS.

### 31. De l'article.

( § 37, I ). — Remplacez les points par *le, la, les* ou *l'*. Ex. : J'ai vu *le roi*. Donnez-moi *le pain*, etc.

J'ai vu... roi de France. — Donnez-moi... pain rassis. — J'ai cassé... table. — Voyez-vous... soleil ? — Je vois ... étoiles. — Je vois... mer. — J'ai allumé... feu. — Il m'a cassé... tête. — Je lui ai cassé... jambe. — Voici Monsieur... curé. — Cet enfant reçoit... baptême. — On a ouvert... église. — On a allumé... cierges. — On chante ... cantiques. — Je me promène dans... campagne. — Voici... livre demandé. — Ecoutez... histoire de Joseph. — Voilà ... perroquet de mon père. — Il a ... cou déplumé. — On lui a arraché... plume. — Voici ... âne du fermier. — Voici ... vache de Nicolas.

## 32. De l'article.

### Même devoir.

J'aime mieux ... été que ... automne. — ... vertu vaut
mieux que ... or. — Aimez-vous ... étoffes d'argent ? — ...
chien est ... ami de ... homme. — ... sel aide ... digestion.
— ... café chasse ... sommeil. — ... estomac nourrit ...
corps. — ... membres servent ... estomac. — ... homme a
dompté ... cheval. — ... hommes mangent ... bœufs. — ...
bœufs mangent ... herbe. — ... herbe se nourrit dans ...
terre. — J'ai vu ... cirque et ... écuyers. — Venez voir ...
musée et ... tableaux. — ... rivière a emporté ... pont. —
... bateau a coulé dans ... rivière. — Regardez ... aspect
de ... lune. — Voyez ... soleil couchant qui se réfléchit
dans ... eau. — On dirait que ... forêt est en feu. — ... arbres
ont ... air de brûler.

----

## 33. De l'article.

( § 37, II, III ). — Mettez *du* pour *de le ; au* pour *à le ; des* pour *de les ;*
*aux* pour *à les.* Ex. : Qui donne *aux* hommes, etc.

Qui donne *à* ... hommes, prête à Dieu.

J'aime le chant *de* ... coq.

Je vais *à* ... palais *de* ... roi.

La maison *de* ... maire est *à* ... milieu *de* ... village.

Le parc *de* ... château est ouvert *à* ... visiteurs.

Le chant *de* ... merle ressemble *à* ... son *de* ... sifflet.

Je vais *à* ... village chercher du bois pour donner *à* ...
pauvres.

Je saute *à* ... corde, je joue *à* ... billes.

J'attelle *à* ... cabriolet le cheval *de* ... fermier pour aller
*à* ... champs.

Dans le Nord, les fruits *de* ... pommiers servent *à* ... habitants pour faire *de* ... cidre.

Cette boisson n'a pas le goût *de* ... vin, mais elle est salutaire *à* ... corps.

-- --

### 34. De l'article.

Mettez *des* pour *de les*, *aux* pour *à les; etc.*

Quand je porte *à* ... poules et *à*... lapins l'herbe *de* ...
prés, on dirait qu'ils me disent merci.

Les animaux sont sensibles *à* ... bons traitements, et se
souviennent *de* ... mauvais.

Dieu pardonne *à* ... méchants, lorsqu'il voit à leurs yeux
les larmes du repentir.

Ne faites pas de mal *à* ... animaux.

On fait la chasse *à* ... ours au milieu *de* ... neiges.

L'amour du sol natal est gravé au plus profond du cœur
*de* ... hommes.

Mieux vaut s'exposer *à* ... périls les plus grands qu'*à* ...
reproches de la conscience.

Le coq est l'horloge *de* ... paysans, il les appelle *à* ... travaux *de* ... champs.

Aime Dieu et ton prochain, c'est l'abrégé du code *de* ...
chrétiens.

L'abandon et l'isolement, tel est le châtiment *de* ...
égoïstes.

———

### 35. ADJECTIFS DÉMONSTRATIFS.

( § 42 ). — Remplacez les points par l'adjectif démonstratif convenable.
Ex. : *Ce* panier... *Ces* fruits..., etc.

... panier est grand.

... fruits sont mûrs.

Donnez-moi ... robe.

Changez-moi ... pièce d'argent.

Voyez ... homme, c'est un géant.

Combien vendez-vous ... souliers ?

Écoutez ... accordéon.

Voulez-vous de ... gâteau ?

... jasmins sentent bon.

... coquelicots et ... violettes feraient un joli bouq

Arrêtez ... chevaux emportés: ils vont briser la voiture.

Lisez ... livre, parcourez ... pages, ... gravures, cela vous distraira.

Où donc vont ... hommes et ... femmes? Ils vont à la ville que vous voyez là-bas.

Quel est donc ... beau fruit, qui mûrit sur ... arbre toujours vert? ... fruit s'appelle une orange.

... chapelets sont bénits par le Saint-Père.

... bague a été portée par ma bonne mère.

Mettez sur la table ... couteau, ... fourchettes, ... assiette et ... huilier.

Racontez-moi quelqu'une de ... histoires de l'ancien temps, où l'on parle des chevaliers sans peur, de ... fées et de ... génies bienfaisants.

Avec ... chapeau, ... habit, ... cravate et ... gants, vous avez très-bonne tournure.

Monsieur, enseignez-moi mon chemin, je vous prie. Prenez ... rue, puis ... autre ; vous y serez.

---

### 36. Pronoms démonstratifs.

( § 43 ). — Remplacez les points par le pronom démonstratif convenable.
Ex. : Cet habit est *celui* de mon père, etc.

Cet habit est ... de mon père.

L'homme que je préfère est ... qui est vertueux.

Ma maison est ... que vous voyez là-bas.

Parmi vos jouets avez-vous encore ... (*pluriel*) que je vous ai donnés ? — Oui, ce sont même ... (*pluriel*) que je préfère.

Vous ne voulez pas de cette casquette, aimez-vous mieux ...-ci ? — Non, ...-ci est trop grande, et ...-là trop haute.

Je vous offre de ces gâteaux, lequel préférez-vous ? — Je prendrai ...-ci, si vous voulez bien me le permettre.

De toutes les prières, ... (*pluriel*) que Dieu préfère, sont ... qui viennent d'un cœur humble et pur.

Chaque homme a des défauts, et souvent les plus grands sont ... qu'on ignore.

Pour moi, un seul pays est beau ; c'est … où je suis né.

De tous nos amis, … (*singulier*) que nous aimons le mieux n'est pas toujours … qui a le plus d'indulgence pour nos défauts ; souvent, au contraire, c'est … qui nous réprimande le plus sévèrement.

Quels rubans me demandez-vous donc, sont-ce…-ci (*pluriel*) ou bien …-là ?

---

### 37. ADJECTIFS POSSESSIFS.

(§ 44 ). — Remplacez les points par l'adjectif possessif convenable. Ex. : Venez, je vais vous présenter à *mon* père et à *ma* mère.

Venez, je vais vous présenter à *m*… père et à *m*… mère.

L'enfant qui honore *s*… père et *s*… mère, est agréable à Dieu.

Tiens, voici tout ce qu'il te faut pour sortir : *t*… chapeau, *t*… gants et *t*… canne.

Allons porter à notre mère, toi, *t*… fruits, moi, *m*… fleurs.

Dans *n*… maison les pauvres ont *l*… lit et *l*… couvert, et *m*… père dit d'eux qu'ils sont *s*… frères.

Prenez *v*… chapeau et *v*… gants, nous allons faire une visite.

Les animaux n'aiment *l*… maîtres qu'autant que *l*… maîtres les aiment.

Chaque âge a *s*… douleurs, *s*… chagrins et *s*… peines.

Qu'as-tu donc ? Tu n'as pas fait *t*… devoirs, et tu es honteux de *t*… négligence.

Notre voyage a été très-heureux, en ce sens que nous en avons rapporté *n*… yeux, *n*… oreilles et *n*… jambes, mais quant à *n*… argent et à *n*… effets, tout a disparu.

---

### 38. Pronoms possessifs.

( § 45 ). Remplacez les points par le pronom possessif convenable. Ex. : Vous êtes un voleur, cette bourse est *la mienne*.

Vous êtes un voleur, cette bourse est *la m*…

Séparons-nous : voici *m*… chemin, et voilà *le v*…

Venez donc visiter *m*… champs. Tenez, tous ces prés

sont *les m...*, toutes ces vignes sont *les m...*, ce moulin est *le m...*, cette ferme est *la m...*

Vos châteaux sont très-beaux, mais nous aimons mieux *les n...*

Le vaniteux dit : le plus beau visage c'est *le m...* ; la plus belle tournure c'est *la m...* ; les plus belles propriétés ce sont *les m...*

Les égoïstes disent : la personne la plus aimée, c'est *la n...;* la santé la plus intéressante, c'est encore *la n...* Les intérêts dont il faut nous préoccuper, ce sont *les n...*

Seul, l'homme qui a bon cœur dit : Le bonheur des autres, voilà *le m...*

Entre amis sincères, il ne faut jamais dire je veux, mais nous voulons ; ni, ceci est *le m...*, ceci *le t...*, mais bien ceci est *le n...*

Ce monsieur est ton ami ? — Oui. — Alors, qu'il veuille bien venir avec nous, ton ami sera *le n...*

Tu es plus habile que nous, ton jardin est mieux soigné que *le n...*, tes fruits plus beaux que *les n...*

Savez-vous pourquoi notre œuvre et notre travail nous paraissent toujours si beaux ? C'est parce qu'ils sont *les n...*

---

### 39. ADJECTIFS ET PRONOMS CONJONCTIFS.

(§§ 46 et 47). — Mettez au pluriel les mots *en italique*, et faites varier l'adjectif ou pronom conjonctif, s'il y a lieu. Ex. : *Les richesses que* vous recherchez...

*La richesse que* vous recherchez, *la distinction dont* vous vous parez, tout cela ne fait pas le vrai bonheur.

*Cette étoffe dont* on vous a tant parlé, et *à laquelle* vous donnez la préférence, je ne la (les) prendrais pas.

*Le dictionnaire dont* vous vous servez et dans *lequel* vous cherchez les mots, *la grammaire que* vous étudiez, c'est moi qui les ai faits, dans l'intérêt *de l'étude à laquelle* vous vous livrez.

*Le pauvre à qui* vous donnez, *le malheureux que* vous secourez, *l'opprimé que* vous défendez, *la veuve à laquelle* vous apportez des consolations, *l'orphelin auquel* vous servez de père, voilà quels seront vos meilleurs avocats devant Dieu.

Prenez *le fruit que* je vous offre.

Voici *la fleur* de mon jardin, voici *celle* du marché, *à laquelle* donnez-vous la préférence?

Vous ne devineriez jamais *la chose à laquelle* je pense, ni *le projet auquel* je songe.

---

### 40. ADJECTIFS ET PRONOMS INDÉFINIS.

( §§ 49 et 50 ). — Remplacez les points par l'adjectif ou pronom indéfini convenable. Ex. : *Un* certain homme, *une* certaine femme.

*Un* certain homme, ... certaine femme.
Un *certain* fruit, de ... fruits.
La *même* route, les ... routes.
Le *même* visage, la ... tournure.
*Chaque* garçon, ... fille.
*Plusieurs* bœufs et ... vaches.
Je n'ai *aucun* lien, ... chaîne.
*Nul* plaisir, ... distraction.
*Un* pays, ... contrée.
Pas *un* ami, pas ... compagne.
. Un *autre* projet, une ... pensée.
*Autre* pays, ... mœurs.
*Tout* homme qui, ... femme qui.
*Tous* les vices, ... les passions.
*Quelque* désir, ... besoins.
*Quelque* mendiant, ... mendiante.
Un habit *quelconque*, une toilette ...
Un jouet *quelconque*, des jouets ...

---

### 41. Adjectifs et pronoms indéfinis.

#### Même devoir.

*Tel* père, ... enfants.
*Tel* ou *tel* garçon, ... ou ... fille.
*Chaque* homme a ses défauts ; ... âge a ses plaisirs, ... pays a ses mœurs.

Parmi vous, messieurs, *quelqu'un* a parlé ; parmi vous, mesdames, ... a ri.

Si vous saviez combien je suis fatigué de faire tous les jours la *même* chose, de passer par les ... chemins, d'aller aux ... endroits ! *Pas un* visage nouveau ; ... ... connaissance nouvelle ! J'ai parcouru *tout* le pays, ... les promenades, ... les points de vue ! Donnez-moi un *autre* séjour, d'... distractions, d'... occupations, ou je tomberai malade d'ennui.

## PRONOMS PERSONNELS.

### 42.

( §§ 51-53 ). Indiquer par les chiffres 1re, 2e, 3e, si le pronom est de la première, de la seconde ou de la troisième personne. Ex. : Je (1re) mange. — Il (3e) écrit.

**Singulier.** — Je mange. — Il écrit. — Elle brode. —Tu ris. — Il crie. — Je parle. — Tu réponds. — Elle écoute. — Il court. — Tu poursuis. — Elle accourt. — Il mord. — Elle boit. — Je paye. — Il emporte. — Tu vends. — Tu voles.

**Pluriel.** — Nous rions. — Vous pensez. — Elles doutent. — Ils croient. — Nous mentons. — Vous partez. — Elles coupent. — Ils cousent. — Vous répondez. — Ils frappent. — Nous ouvrons. — Ils sonnent. — Elles scient. — Ils clouent. — Nous crions. — Vous mangez. — Elles boivent. — Vous engraissez.

**Singulier et pluriel.** — Nous rions. — Il écrit. — Vous parlez. — Il crie. — Je pardonne. — Nous cherchons. — Elles courent. — Ils pêchent. — Vous dites. — Tu crois. — Nous buvons. — Elles mangent. — Ils jeûnent. — Il perd. — Elle gagne.

### 43. Pronoms personnels.

Indiquez, pour les pronoms soulignés, la personne par les chiffres 1re, 2e, 3e, le singulier par *sing.*, le pluriel par *pl.* Ex. : Il *la* (3e p. du sing.) cherche. Nous *vous* (2e p. du pl.) cherchons.

Il *la* cherche. — Je *lui* écris. — Nous *vous* cherchons. — Vous *les* aurez. — Je *la* donne. — Conduis-*toi* mieux.

— Il *vous* frappe. — Nous *les* gardons. — Tu *le* trompes. —
Ils *me* nourrissent. — Aimez-*moi* davantage. — Elles *te* sui-
vent. — Ils *vous* regardent. — Je *me* repens. — Vous *vous*
promenez. — Elle *le* soigne.

Nous *leur* écrivons. — Elle *leur* dit. — Je *lui* raconte. —
Nous *vous* pardonnons. — Il *me* donne. — Vous *nous* apportez. — Elles *me* le laissent. — Elle *vous* préfère. — Il *leur*
indique. — Ils *leur* accordent. — Il *te* pardonne. — Je *me*
donne. — Il *se* procure. — Elles *se* font du tort. — Tu *te*
fais du mal.

---

### 44. Pronoms personnels.

Remplacez les pronoms *me, te, nous, vous, le, la, lui, leur*, etc., par leurs équiva-
lents *moi, à moi, à toi*, etc. Ex. : Je *vous* parle, je parle *à vous*. — Il *me* bat,
il bat *moi*, etc.

Je *vous* parle. — Il *me* bat. — Ils *nous* donnent. — Je *le*
vois. — Je *leur* promets. — Je *lui* ôte. — Nous *te* disons.
— Je *vous* donnerai. — Vous *leur* annoncerez. — Je *le leur*
vends. — Je *la lui* achète. — Nous *les leur* confions. —
Vous *les* copiez. — Je *le* coupe. — Nous *les* lisons. — Ils
*nous* racontent une histoire. — Il *se* lave. — Vous *lui* ensei-
gnez l'histoire. — Elle *leur* confie un secret. — Je *vous le*
retire. — Ils *me le* diront. — Je *leur* dis de *m'*écrire. —
Vous *lui* dites de *vous* envoyer un livre.

---

### 45. Pronoms personnels.

Remplacez les mots *le, en, y*, par les mots *ceci, cela*, etc., *de lui, d'elle*, etc., *à
lui, à elle*, etc., selon le sens. Ex. Je vous *le* promets. Je vous promets *cela*.
J'*y* crois. Je crois *à cela*.

Je vous *le* promets. — J'*y* crois. — Venez, je *le* veux. —
Avez-vous du pain? J'*en* ai. — J'ai vu Jules, je vais vous
*en* parler. — Il me trompe, je m'*en* doute. — Vous vous *en*
repentirez, je *le* crains. — Vous m'*en* donnerez, j'*y* compte.
— Veux-tu aller à l'école? Je *le* veux bien. — Tu travail-
leras bien, je *l'*espère. — Soyez-*en* sûr, j'*y* suis décidé. —
Ces pauvres ont-ils du pain? Ils n'*en* ont pas. Donnez-

leur-*en*. Mais j'*y* songe, en *le* leur donnant, demandez-
*leur* leurs noms, je vous *le* recommande.

---

### 46. Pronoms personnels.

Remplacez les points par *tu, te, toi, vous* (2ᵉ personne), ou par *je, me, moi,
nous* (1ʳᵉ personne), suivant la phrase. Ex. : Mon petit ami, *tu* deviendras grand,
*tu* n'auras, etc.

Mon petit ami, *tu* deviendras grand,... n'auras plus ton
père ni ta mère pour ... nourrir et avoir soin de ...; alors
... devras gagner ta vie par ton travail. C'est pour cela
qu'il faut apprendre, pendant que ... es encore enfant, à ...
suffire quand ... seras homme. Sans cela ... risques fort
de devenir misérable.

Mais *je* ne puis pas travailler. L'étude ... ennuie; ... ne
puis pas apprendre, aussi ... ne sais jamais mes leçons.

Alors, Monsieur, *vous* n'êtes qu'un enfant méchant et
entêté; ... serez toujours malheureux; ... mourrez de faim
et de misère, et ... serez ainsi puni.

Si *j'*étais votre maître, ... serais très-dur pour *v* ... car
... ne méritez aucune pitié, et *j*... croirais manquer à mes
devoirs en ne *v*... forçant pas à mieux faire.

Nous, parents et maîtres, *n*... sommes responsables des
enfants que ... avons, ou qui ... sont confiés, et ... devons
par tous les moyens essayer d'en faire des hommes sages
et instruits.

---

# RÉCAPITULATION GÉNÉRALE

## sur le nom, l'adjectif et le pronom.

### 47. LE PREMIER SERMON DE FÉNELON.

Mettre au pluriel tous les mots en italique.

Un soir, il y a de cela deux cents (*an*), à l'hôtel de Bouf-
flers, se trouvaient réunis en grand nombre des (*seigneur*)
et des (*dame*) de la cour; tous avaient pris place dans les

(*grand salon*) et attendaient avec impatience un jeune homme de quinze ans qui, là, devant cet auditoire de (*prince*), de (*duc*) et de (*haut dignitaire*), devait prononcer son premier sermon. Tous (*impatient*) et (*surpris*), attendaient depuis de (*long moment*), et Fénelon, car c'est de lui qu'il s'agit, n'arrivait point encore. Déjà son père ne savait plus comment excuser ce retard auprès des (*principal personnage*) de l'assemblée, lorsque le jeune orateur parut enfin, les (*joue empourprée*) de chaleur, les (*cheveu humide*). C'est alors, qu'au milieu du plus profond silence, il prononça ces (*simple parole*) : Je ne saurais regretter le malheur que j'ai eu de faire attendre d'aussi (*illustre*) et (*respectable personne*) ; les plus (*puissant monarque*) de la terre eussent-ils été (*présent*) ici, que je n'eusse point hésité à faire de même, car j'ai mieux qu'un sermon à vous offrir, j'apporte une bonne œuvre à faire.

------

#### 48. Même devoir (suite).

J'arrivais ici à l'heure dite, lorsque j'aperçus près des (*porte*) de l'hôtel deux (*pauvre petit savoyard*) couchés par terre, et à demi couverts par la neige. Douloureusement surpris, je me suis arrêté et, m'approchant de ces (*malheureux enfant*) : Que faites-vous là, mes (*petit ami*) ? leur ai-je dit. Mais pleurant à (*chaude larme*), ils ne répondirent à ma question que par ces (*mot*) : Nous voulons mourir. — Mourir ? et pourquoi donc ! Il n'y a donc personne qui vous aime, et pleurerait votre mort ? — Non, nous sommes (*orphelin*), nous n'avons à attendre de (*secours*) de personne, nous n'avons ni pain, ni demeure, ni (*habit*) ; vous voyez bien que nous n'avons plus qu'à mourir. Que fis-je alors ? Ce que tous vous eussiez fait à ma place, je les pris dans mes (*bras*), je réchauffai sur ma poitrine (*leur membre*) glacés, puis les couchant tous deux dans mon manteau je les portai dans l'antichambre de cet hôtel, où ils réclament de vous les (*soin*) et les (*secours*) qui sont les (*droit*) des (*malheureux*) et les devoirs des (*cœur charitable*). Mon premier sermon avait pour texte la charité, et je n'ai pu le dire : pourtant, plaise à Dieu que mes (*sermon*) à venir soient aussi (*efficace*) que va l'être celui-ci !

---

### 49. L'AMIANTE.

Faites accorder les adjectifs suivant le nom auquel ils se rapportent.

L'amiante est une pierre de couleur (*vert*) ou (*blanc*); elle est formée de (*long*) filaments (*soyeux*) plus ou moins (*délié*), (*doux*) et (*flexible*), bien que la substance qui les forme soit la même que celle des pierres les plus (*dur*). Dans (*certain*) pays, notamment dans la partie (*montagneux*) de l'Italie, de la Corse et de la Savoie, on le trouve en morceaux plus ou moins (*gros*) et (*abondant*), remplissant les fissures des rochers. Les (*ancien*) habitants de ces pays connaissaient les (*curieux*) propriétés de l'amiante, ils s'en servaient pour fabriquer une étoffe (*incombustible*). On faisait usage de cette toile (*inaltérable*) et (*conservateur*) pour brûler les corps des personnages (*important*), et obtenir ainsi leurs cendres (*pur*) et non mélangées avec celles du bûcher. Aujourd'hui on en fait usage pour fabriquer des mèches de lampe, qui, ne se consumant jamais, sont par suite (*éternel*). On en a fait aussi dans ces (*dernier*) temps une application (*utile*), en fabriquant avec elle des vêtements (*incombustible*), dont l'utilité est (*incontestable*) pour une foule de professions.

---

### 50. DES MESURES.

Copier cet exercice et écrire en toutes lettres les adjectifs numéraux écrits en chiffres, et en chiffres les adjectifs numéraux écrits en toutes lettres.

Autrefois, il y a aujourd'hui 84 ans, on se servait, pour évaluer les longueurs ou les poids, de mesures très-irrégulières et peu commodes. Ainsi pour les longueurs on se servait de la toise, qui valait 6 pieds ; le pied valait 12 pouces. Pour déterminer les poids, on faisait usage de la livre, qui se divisait dans telle ville en 16 onces, dans telle autre en 12. L'once contenait 8 gros et chaque gros se divisait en 72 grains. Pour les monnaies, la *première* pièce d'argent était la livre tournois, qui valait 20 sous, chaque sou valait 12 deniers. Le boisseau, pour mesurer les grains, contenait 16 litrons; il était lui-même la *douzième* partie du setier, la *sixième* de la mine, et la *cent-quarante-quatrième* du muid.

Aujourd'hui il n'en est plus ainsi. Toutes les mesures dérivent du mètre, qui est la quarante-millionième partie du tour de la terre, c'est-à-dire qu'une corde qui entourerait la terre aurait 40 millions de mètres de long. Toutes les mesures sont de 10 en 10 fois plus grandes ou plus petites. De plus, on les a construites de manière à pouvoir se remplacer mutuellement; ainsi, le litre d'eau pèse exactement 1 kilogramme, ou 2 livres; 27 pièces de 5 francs mises l'une à côté de l'autre, font exactement 1 mètre, 100 pièces de 2 sous pèsent juste un kilogramme, et les petites pièces de 1, 2, 5 centimes, pèsent exactement 1, 2, 5 grammes. Ce qui fait que l'on peut peser avec la monnaie.

---

### 51. LES LIQUEURS FORTES.

(§§ 41 et 43). — Remplacez les points par l'adjectif ou le pronom démonstratif convenable. Ex. : Il n'est pas d'habitude plus funeste que *celle*, etc.

Il n'est pas, bien certainement, d'habitude plus funeste que … de boire des liqueurs fortes. Le plus grand nombre de … boissons, surtout dans les grandes villes, sont des poisons; … saveur agréable qui vous tente, … parfum qui vous attire; … force apparente que l'on y puise sont autant de qualités trompeuses et funestes. Aussi, qu'ils sont terribles les effets de … déplorable habitude! Voyez-vous … yeux hagards, … gestes désordonnés? Ecoutez, … paroles incohérentes, … voix sourde et creuse, voilà l'œuvre de l'eau-de-vie.

Voyez … autre; … visage hébété, … teint terreux et violacé; … œil sanglant, … démarche chancelante, voilà l'œuvre du vin bu avec excès. L'effet des boissons fortes n'est pas le même sur tous les hommes, mais, pour tous, …

effet est terrible. Là où l'un perd sa raison, l'autre perd ses forces et l'usage de ses membres. S'il n'eût pas fait abus de l'eau-de-vie, ... homme n'eût pas assassiné son ami, ou frappé son père. S'il n'eût pas tout dépensé pour boire, ... autre n'eût pas fait le malheur de ceux qu'il aimait le mieux. Dieu vous préserve, mes enfants, de... funeste habitude, et vous donne la force de vous en garder toujours!

---

### 52. LA CIGALE ET LA FOURMI.

Remplacez les points par les pronoms personnels de la 3e personne, suivant le sens. Ex. : La fourmi travaillait sans relâche, *elle* faisait, etc.

La fourmi travaillait sans relâche; ... faisait des provisions, ... ramassait des grains, des vermisseaux, et... les entassait dans sa demeure, lorsque la cigale survint. La pauvrette était maigre et débile, ... mourait de faim. ... pria la fourmi de... faire l'aumône d'un peu de grain. La fourmi égoïste renvoya durement la cigale, en ... disant même des injures. La pauvre bête se retira en pleurant, et, ne sachant quoi faire, ... se blottit sous une feuille, attendant la mort.

Peu après, la fourmi sortit pour aller glaner encore quelques grains; mais il survint un gros rat, qui, cherchant un trou, avisa la porte de la fourmilière. Il y entra sans autre souci, puis quand la fourmi revint, ... la mit en fuite, en... montrant son museau. Celle-ci, désolée d'avoir perdu ainsi sa demeure, ses provisions, et l'espoir de bien passer l'hiver, ... mit à pleurer, ne sachant même plus où aller passer la nuit. Alors la cigale, qui avait tout vu, ... fit signe de venir sous sa feuille,... l'y reçut avec empressement, ... céda même la plus chaude place, en se disant à... même : ... a été bien dure, mais ce n'est pas une raison pour que je le sois aussi.

---

# DU VERBE.

### 53. Auxiliaire Avoir.

( § 75). — Mettez au pluriel correspondant (1).

**1<sup>re</sup> PERSONNE.**

J'ai, nous…
J'avais, nous …
J'ai eu, nous…
J'eus eu, nous…
J'aurais eu, nous…
J'avais eu, nous…
Que j'eusse, que nous…

**2<sup>e</sup> PERSONNE.**

Tu avais, vous…
Tu aurais, vous…
Tu as eu, vous…
Tu aurais eu, vous…
Que tu eusses, que vous…
Que tu aies eu, que vous…
Que tu eusses eu, que vous…

**3<sup>e</sup> PERSONNE.**

Il avait, ils…
Il aura, elles…
Il aurait, ils…
Il a eu, ils…

Il aura eu, elles…
Qu'elle ait, qu'ils…
Qu'il eût, qu'elles…
Qu'il aurait eu, qu'ils…

---

### 54. Exercice.

Mettez au singulier.

**1<sup>re</sup> PERSONNE.**

Nous avons, j'…
Nous avions, j'…
Nous eûmes, j'…
Nous aurons, j'…
Nous aurions, j'…
Que nous ayons, que j'…
Que nous eussions, que j'…

**2<sup>e</sup> PERSONNE.**

Vous avez, tu…
Vous aviez, tu…
Vous eûtes, tu…
Vous aurez, tu…
Vous auriez, tu…
Que vous ayez, que tu…
Que vous eussiez, que tu…

(1) Il doit être bien établi que ces exercices sur les verbes auxiliaires et les suivants ne sont pas destinés à suppléer aux conjugaisons entières qu'il est dans l'usage de faire faire aux élèves. Ils ont surtout pour but, en intervertissant l'ordre mnémonique habituel, de mettre en jeu l'attention et le raisonnement de l'élève; car les conjugaisons complètes n'exercent que sa mémoire.

### 3ᵉ PERSONNE.

| | |
|---|---|
| Ils ont, elle... | Ils auraient, elle... |
| Elles avaient, il... | Qu'elles aient, qu'il... |
| Elles eurent, il... | Qu'ils eussent, qu'elle... |
| Ils auront, elle... | Ils ont eu, il... |

---

## 55. Auxiliaire Être.

(§ 76). — Mettez au pluriel correspondant.

| 1ʳᵉ PERSONNE. | 2ᵉ PERSONNE. |
|---|---|
| Je suis, nous... | Tu étais, vous... |
| Je fus, nous... | Tu seras, vous... |
| Je serais, nous... | Tu as été, vous... |
| J'avais été, nous... | Tu aurais été, vous... |
| J'aurai été, nous... | Tu eus été, vous... |
| Que je sois, que nous... | Que tu fusses, que vous... |
| Que j'aie été, que nous... | Que tu eusses été, que vous... |

### 3ᵉ PERSONNE.

| | |
|---|---|
| Il est, ils... | Elle aurait été, ils... |
| Il fut, elles... | Qu'il ait été, qu'elles... |
| Il a été, elles... | Qu'il eût été, qu'elles... |
| Elle avait été, ils... | Qu'il soit, qu'elles... |

---

## 56. Exercice.

Mettez au singulier.

| 1ʳᵉ PERSONNE. | 2ᵉ PERSONNE. |
|---|---|
| Nous sommes, je... | Vous êtes, tu... |
| Nous étions, je... | Vous étiez, tu... |
| Nous fûmes, je... | Vous fûtes, tu... |
| Nous serons, je... | Vous serez, tu... |
| Nous serions, je... | Vous seriez, tu... |
| Que nous soyons, que je... | Que vous soyez, que tu... |
| Que nous fussions, que je... | Que vous fussiez, que tu... |

EX. FR. ÉLÉM.                                  3

## 3ᵉ PERSONNE.

| | |
|---|---|
| Ils sont, elle... | Elles seraient, il... |
| Elles étaient, il... | Qu'ils soient, qu'elle... |
| Ils furent, elle... | Qu'elles fussent, qu'il... |
| Ils seront, elle... | Qu'ils aient été, qu'il... |

---

### 57. Auxiliaire Avoir.

Remplacez les points par le temps indiqué. Ex. : *J'aurai des livres.*
*Nous aurons des fleurs.*

**Futur.** — Je ... des livres. — Nous ... des fleurs. — Tu ... un cadeau. — Elles ... un congé. — Il ... un pensum. — Vous ... raison.

**Imparfait de l'ind.** — Nous ... faim. — Elle ... soif. — Ils ... chaud. — Il ... trop couru. — Tu ... sauté. — Vous ... dansé.

**Passé du cond.** — J'... peur. — Nous ... les prix. — Tu ... froid. — Il ... un bonbon. — Vous ... des gâteaux. — Ils ... des récompenses.

**Plus-que-parf. du subj.** — Qu'ils ... raison. — Qu'il ... dix sous. — Qu'elle ... une robe. — Que vous ... ma part. — Que nous ... la vôtre. — Que tu ... la mienne.

**Futur antér.** — Elle ... peur. — Ils ... faim. — Nous ... chaud. — Il ... froid. — Vous ... mal.

**Parfait défini.** — Tu ... tous les prix. — Vous ... une couronne. — Nous ... une voiture. — Elle ... un chapeau. — Elles ... des fleurs. — Je ... mon tour.

---

### 58. Auxiliaire Être.

Remplacez les points par le temps indiqué. Ex. : *J'aurais été* bon. Vous *auriez été* justes, etc.

**Passé du cond.** — Je ... bon. — Vous ... justes. — Il ... sage. — Nous ... repentants. — Tu ... habile. — Ils ... forts.

**Imparf. du subj.** — Qu'il ... méchant. — Qu'elles ... injustes. — Que nous ... mécontents. — Que tu ... malpropre. — Que je ... triste. — Que vous ... chagrine.

**Parf. antérieur.** — Je ... capricieux. — Tu ... paresseux. — Ils ... mal habillés. — Nous ... désobéissants. —
Elle ... soigneuse. — Vous ... actifs.

**Plus-que-parf. de l'ind.** — Ils ... battus. — Il ... puni.
— Je ... frappé. — Nous ... blessés. — Vous ... tués. —
Tu ... martyrisé.

**Prés. du subj.** — Que nous ... loués. — Que vous ...
complimentés. — Qu'elles ... récompensées. — Que je ...
aimé. — Que tu ... caressé. — Qu'il ... embrassé.

**Impératif.** — (2e p. sing.) ... patient. — (1re p. plur.) ...
résignés. — (2e plur.) ... soumis.

---

## RÉCAPITULATION

### sur les verbes auxiliaires.

#### 59.

Changez le singulier en pluriel et le pluriel en singulier. Ex. : *Nous avons
eu peur.*

| | |
|---|---|
| *J'ai eu* peur. | *Nous avions* de vos nouvelles. |
| *Vous avez eu* froid. | *Il avait* une belle âme. |
| *Que j'aie* un gâteau. | *Elle eut* un gâteau. |
| *Elles eurent* tort. | *Il aurait eu* mieux que cela. |
| *Nous aurons* congé. | *Nous aurons eu* grand tort. |
| *Vous auriez* les prix. | *Nous aurions eu* bien le temps. |
| *Vous aviez* raison. | *Vous eussiez eu* ce bonheur. |
| *Il a* raison, *vous avez* tort. | *J'aurais eu* peu de chance. |
| *Vous aviez* soif. | *Ils eussent eu* grand'peine. |
| *Vous aurez* ma bourse. | *J'aurais* grand'peur. |

#### 60. Récapitulation (suite).

| | |
|---|---|
| *Nous avons* des pommes. | *Elles auront été* en prison. |
| *Vous aurez* la bonté. | *Vous eussiez été* surpris. |
| *Qu'il eût été* doux. | *Il aurait été* à la fête. |
| *Je serais* à vos ordres. | *Ils étaient* dehors, *elle était* |
| *Qu'ils fussent* odieux. | dedans. |
| *Vous serez* généreux. | *Vous auriez été* mis en prison. |

*Vous étiez* aux vêpres hier?
Quand *vous seriez* fort comme
un Turc,
*Vous seriez* encore le plus faible.
*J'eusse été* surpris que vous

ne *vous fussiez* pas mis dans
ce tort.
*Il était* très-bien mis.
Il faut *qu'ils aient été* bien
peureux, puisqu'*ils ont été*
mis en fuite par elle.

# CONJUGAISONS.

## 61. Exercice.

( § 71). Indiquez la conjugaison. Ex. : Parler (1re conj.).—Applaudir (2e conj.). — Prendre (4e conj.), etc.

| | | | |
|---|---|---|---|
| Parler. | Perdre. | Rafraîchir. | Pardonner. |
| Applaudir. | Blâmer. | Enseigner. | Ruiner. |
| Brûler. | Fondre. | Apercevoir. | Pleuvoir. |
| Vendre. | Fournir. | Chérir. | Prévoir. |
| Noircir. | Tordre. | Devoir. | Écrire. |
| Eviter. | Prendre. | Écraser. | Dicter. |

## 62. Exercice.

Indiquer la conjugaison.

| | | | |
|---|---|---|---|
| Croire. | Mouvoir. | Gronder. | Émouvoir. |
| Concevoir. | Inspecter. | Ternir. | Réunir. |
| Tourmenter. | Adoucir. | Pourvoir. | Échoir. |
| Savoir. | Pouvoir. | Causer. | Accomplir. |
| Recevoir. | Mordre. | Asseoir. | Voyager. |
| Aspirer. | Vouloir. | Ceindre. | Apprendre. |

# Ire CONJUGAISON.

## 63. Exercice.

( § 77 ). Mettez chaque verbe au temps et au mode indiqués. Ex. : Nous *aimerons* Dieu, etc.

**Futur.** — Nous *aimons* Dieu. — Tu *prépares* le dîner. — Il *achète* un gâteau. — Vous *criez* bien fort. — Ils *plaisantent* entre eux. — Je *trouble* la classe.

**Prés. du cond**. — Tu *blâmes* cette action. — Il *parle* sans réfléchir. — Nous *cessons* de jouer. — Vous *commandez* souvent. — Je *soigne* le malade. — Elles *brodent* leurs robes.

**Futur ant**. — Nous *soupons* à l'instant. — Vous *déjeunez* trop vite. — Je *laboure* mon champ. — Tu *danses* ce soir. — Il *récolte* ses fleurs. — Ils *enseignent* à lire.

**Parf. déf**. — Tu *défriches* le champ. — Il *découpe* du papier. — Elles *regardent* par ici. — Nous *bouchons* la bouteille. — Je *natte* des joncs.

**Plus-que-parf. de l'ind**. — Nous *volons* à son secours. — Je *saute* à la corde. — Vous *videz* ce verre. — Tu *repasses* ce couteau. — Ils *manquent* le but. — Il *ferme* le tiroir.

---

### 64. 1ʳᵉ conjugaison.

Même devoir.

**Imparf. du subj**. — Nous *brodons* un voile. — Tu *graisses* la machine. — Vous *arborez* un drapeau. — Ils *rognent* ce cahier. — Il *cause* avec eux.

**Parf. indéf**. — Vous *pratiquez* la vertu. — Je *cache* mon argent. — Tu *acceptes* mon cadeau. — Ils *tourmentent* ce chien. — Nous *indiquons* la route.

**Parf. antér**. — Quand tu *trembles* de froid. — Quand il *pousse* le chariot. — Quand ils *gagnent* de l'argent. — Quand je *visite* l'église. — Quand nous *chantons* des cantiques.

**Parf. déf**. — Elle *chante* très-fort. — Nous *cassons* des pierres. — Elle *pile* du sel. — Elles *comptent* leurs points. — Je *passe* mon chemin. — Tu *plumes* un poulet.

**Imparf. de l'ind**. — Je *tarde* à rentrer. — Tu *contes* des histoires. — Nous *acquittons* nos dettes. — Vous *verrouillez* la grille. — Il *brûle* son habit. — Ils *évitent* la rivière.

### 65. 1re conjugaison.

Mettez chaque verbe au temps et au mode indiqués.

**Prés. de l'ind.** — Je *taillais* ma plume. — Tu *portais* un fusil. — Il *cessait* sa chanson. Nous *couronnions* le vainqueur. — Vous *coupiez* du pain. — Ils *blâmaient* sa faute.

**Prés. du subj.** Tu *enseignes* à lire. — Vous *exposez* votre vie. — Ils *écrasent* du raisin. — Il *timbre* une lettre. — Je *dévide* du fil. — Nous *examinons* ce tableau.

**Imp. de l'ind.** — Tu *as discuté* ce point. — Nous *avons disposé* de vous. — Vous *avez aspiré* à la gloire. — Il *a écouté* le sermon. — Elles *ont détourné* le danger. — Je *tourne* en rond.

**Futur.** — J'*avais inspecté* l'école. — Tu *avais pardonné* la faute. — Nous *avions terminé* l'étude. — Vous *aviez groupé* ces statues. — Il *avait jasé* un peu trop. — Ils avaient *surveillé* l'ennemi.

**Prés. du cond.** — Je *coûte* cher. — Tu *mérites* mieux. — Il *glisse* bien. — Nous *découpons* vite. — Vous *gagnez* beaucoup. — Ils *récitent* très-bien.

---

### 66. 1re conjugaison.

Changez le pluriel en singulier, et le singulier en pluriel. Ex. : *Nous donnions...; Tu parlais ...,* etc.

*Je donnais* un sou.
*Vous parliez* beaucoup.
*Vous eussiez* pardonné.
*Je ramais* très-fort.
*Elle mérite* un prix.
*Nous les invitâmes* à dîner.
*Que nous l'aimassions* moins.
*J'eusse indiqué* autre chose.
*Je ramerais* avec plaisir.
*Tu eus refusé* la demande.
*Tu eusses accepté* l'offre.
*Il cultivera* des fleurs.
*Il aura taillé* les arbres.

*Nous mangerions* volontiers.
*Ils tailleront* des plumes.
*Nous aurions volé* vers lui.
*Il avait frotté* trop fort.
*Je mériterais* plus d'égards.
*Vous eussiez dormi* longtemps.
*Il marchera* plus que vous.
*Ils vous attraperaient* bientôt.
*J'eusse grondé* volontiers.
*Ils m'eussent écouté,* sans doute.
*Tu déjeunes* quand *il dîne.*

*Il aurait préféré* ceci.      *Vous récolteriez* si *vous se-*
*Vous donneriez* de bon cœur.      *miez.*
*J'accepterais* de même.      *Étudie* et *tu réciteras* bien.
*Plaisantez-vous?*      *Prie* Dieu.
*Je dis* la vérité.      *Adorez* Dieu.

---

## RÉCAPITULATION

Mettez les Verbes aux temps et aux modes indiqués.

### 67. LE BOURRU BIENFAISANT.

Heurtant est ce qu'on (*nommer*, 3ᵉ pers. prés. de l'ind.) un bourru bienfaisant. Il a une taille élevée, les épaules larges, sa physionomie paraît dure et presque repoussante. Si vous voulez lui parler, il vous répondra en (*crier*, part. prés.) comme un homme en fureur; il (*avoir*, 3ᵉ pers. sing. fut.) même des expressions énergiques et mal sonnantes; ne vous (*étonner*, 2ᵉ pers. plur. impér.) même pas quand il vous (*tutoyer*, 3ᵉ pers. sing. fut. ant.). La dernière fois que je le (*rencontrer*, 1ʳᵉ pers. sing. parf. déf.), il (*agiter*, 3ᵉ pers. sing. imp. de l'ind.) un bâton menaçant, qui ne (*frapper*, 3ᵉ pers. sing. parf. indéf.) jamais et ne (*frapper*, 3ᵉ pers. sing. du fut.) jamais personne; les enfants fuyaient devant lui, cependant il les (*aimer*, 3ᵉ pers. sing. prés. de l'ind.) et il n'est rien qu'ils n'obtiennent de lui.

(*Laisser*, 1ʳᵉ pers. plur. de l'impér.) là cette enveloppe peu attrayante, et (*tâcher*, 1ʳᵉ pers. plur. de l'impér.) de ne voir que le cœur. J'étais hier chez lui, quand François, son domestique, lui (*amener*, 3ᵉ pers. sing. parf. déf.) sa fermière fondant en larmes. — Eh bien, qu'y a-t-il? Tu iras loin avec tes pleurs! — Monsieur Heurtant, vous êtes humain. — Je sais ce que je suis, cela ne te (*regarder*, 3ᵉ pers. sing. prés. de l'ind.) pas, après? — Je viens vous demander de m'avancer le mois de nourrice de mon dernier, sans quoi... — Tu te (*jeter*, 2ᵉ pers. sing. fut.) à l'eau, n'est-ce pas! le grand mal? — Vous savez bien, monsieur... — Je sais qu'il faudrait reprendre ton petit garçon. — Nous voici au temps de la moisson, je ne pourrai pas rester à la maison pour le garder. — Il faut pouvoir; au surplus, ton enfant n'est pas à moi. Tiens, voilà ton mois de nourrice, va-t'en, que je ne te voie plus. Ces coquins-là (s'*imaginer*, 3e pers. plur. prés. de l'ind.) que les écus (*tomber*, 3e pers. plur. prés. de l'ind.) dans ma cheminée comme la pluie. François, tu iras dire à la nourrice de conserver cet enfant, et qu'elle ait soin de ne demander d'argent qu'à moi.

---

## DEUXIÈME CONJUGAISON.

### 68. Exercice.

(§ 78). — Mettez les verbes aux temps et aux modes indiqués. Ex. : Je *finirai* le devoir, etc.

**Futur.** — Je *finis* le devoir. — Tu *obéis* docilement. — Il *noircit* du papier. — Nous *ralentissons* le pas. — Vous *vernissez* un tableau. — Ils *pâlissent* de peur.

**Imparf. de l'ind.** — Tu *assainis* la chambre. — Vous *salissez* la nappe. — Nous *remplissons* le seau. — Ils *jouissent* du repos. — Elle *finit* de manger. — Je *choisis* un fruit.

**Prés. du cond.** — Je *brunis* au soleil. — Vous *grandissez* à vue d'œil. — Ils *réunissent* les gerbes. — Nous *pétrissons* le pain. — Tu *punis* sévèrement. — Il *crépit* la muraille.

**Prés. du subj.** — Nous *blanchissons* du linge. — Vous *garnissez* la jardinière. — Ils *agissent* fort bien. — Tu *réussis* aisément. — Je *franchis* le fossé. — Il *amincit* un bâton.

**Parf. indéf.** — Nous *vieillissons* vite. — Je *durcis* ce ciment. — Tu *saisis* cette arme. — Vous *attendrissez* son cœur. — Il *ternit* cette glace. — Elles *rétablissent* l'ordre.

---

### 69. 2ᵉ conjugaison.

Même devoir.

**Plus-que-parf. du subj.** — Ils *adoucissent* les mœurs.
— Tu *réunis* toutes les vertus. — Je *croupis* dans la misère.
— Vous *languissez* de maladie. — Il *unit* deux bâtons. —
Nous *amortissons* le coup.

**Parf. indéf.** — Il *élargit* le chemin. — Vous *bâtissez* un
mur. — Tu *établis* une digue. — Je *remplis* un verre. —
Nous *enrichissons* le pays. — Ils *choisissent* un état.

**Imparf. de l'ind.** — Vous *languissez* de tristesse. —
Nous *fournissons* des aliments. — Je *bannis* un coupable.
— Tu *gravis* une côte. — Il *fléchit* ma colère. — Ils *ensevelissent* un mort.

**Parf. ant.** — Nous *arrondissons* ce carton. — Je *guéris*,
c'est certain. — Vous *brunissez* ce métal. — Ils *démolissent* tout. — Elle *noircit* la table.

**Futur.** — Je ne *trahis* pas le maître. — Tu *enrichis* le
pays. — Ils *vernissent* les meubles. — Il *flétrit* les mauvaises actions. — Nous *divertissons* les enfants.

---

### 70. 2ᵉ conjugaison.

Mettez les verbes aux temps et aux modes indiqués.

**Futur.** — J'*arrondissais* un bâton. — Tu *rétablissais* un
passage. — Nous *franchissions* un fossé. — Ils *ensevelissaient* un mort. — Il *rougissait* de honte.

**Prés. du cond.** — Tu *adoucis* la teinte. — Vous *noircites* ce papier. — Ils *régirent* le royaume. — Je *fournis*
de l'argent. — Il *bâtit* cette demeure.

**Imparf. du subj.** — J'*avertirai* votre père. — Tu *fléchiras* le maître. — Nous *blanchirons* ce linge. — Vous *guérirez*. — Il *assainira* cet endroit. — Elles *finiront* la robe.

**Plus-que-parf. de l'ind.** — Tu *as fini* la leçon. —
Vous *avez agi* en enfant. — Il *a bondi* tout à coup. — Ils
*ont applaudi* de suite. — Nous *avons chéri* ce bon curé.

**Imp. de l'ind.** — Vous *banniriez* ce malheureux. — Il

3.

*dégarnirait* le parterre. — Ils *réfléchiraient* auparavant. —
Nous *saisirions* l'occasion. — Tu *meurtrirais* cet animal.
— Je *ralentirais* le pas.

---

### 71. 2ᵉ conjugaison.

Changez le singulier en pluriel et le pluriel en singulier. Ex. : *Nous finissions*
ce livre, etc.

Je *finissais* ce livre.

Tu *nourrissais* ce moineau.

*Il* me *ravissait* l'âme.

*Nous punîmes* l'insolent.

*Vous bannirez* le coupable.

*Ils subissent* son joug.

*Que vous noircissiez* cette planche.

*Que j'eusse aboli* cette loi.

*J'éclaircirais* cette couleur.

*Ils n'aboutissaient* à rien.

*Tu embelliras* la vie.

*Il eût réussi* en tout.

*Vous désobéiriez* au maître.

*Nous eûmes averti* l'imprudent.

*Tu garnirais* ce coussin.

*J'eusse blanchi* ce linge.

*J'avais poli* ce miroir.

*Ils fleurirent* l'an passé.

*Vous eussiez gémi* en l'entendant.

*Ils ont retenti* au loin.

*Que je rôtisse* ce lapin.

*Il bondira* à ces mots.

*Ils mugirent* en nous voyant.

*Je franchirais* le fossé.

*Vous adoucissez* leurs mœurs.

*Tu graviras* la côte.

*Arrondis* ce carton.

*Fléchissez* devant Dieu.

*Réfléchissez, agissez* ensuite.

Comme *tu auras garni* ton lit, *tu dormiras.*

*Il bâtit* la maison et n'en *jouira* pas.

---

### 72. 1ʳᵉ et 2ᵉ conjugaison.

Mettez les Verbes aux temps et aux modes indiqués.

#### LE VENDEUR DE FUMÉE.

Parmi les belles qualités que (*posséder*, 3ᵉ pers. sing. imp.
de l'ind.) Alexandre Sévère, l'un des meilleurs empereurs
que les Romains aient eu, il n'en est pas que l'on ait ap-
plaudie à plus juste titre que son amour pour la justice;
néanmoins cet amour (*franchir*, 3ᵉ pers. sing. parf. déf.)
quelquefois les bornes de la raison, s'il faut en croire cette

anecdote, que plusieurs historiens nous (*garantir*, 3ᵉ pers. plur. prés. de l'ind.) comme véridique. Parmi ses courtisans était un homme d'esprit avec lequel il (*aimer*, 3ᵉ pers. sing. imp. de l'ind.) à s'entretenir, sans que pour cela il l' (*investir*, 3ᵉ pers. sing. pl.-q.-parf. du subj.) de sa confiance. Néanmoins on crut bientôt que ce nouveau favori (*jouir*, 3ᵉ pers. sing. imp. de l'ind.) d'un grand crédit auprès de l'empereur; aussi une foule de gens venaient-ils solliciter son appui auprès d'Alexandre. Mais cet homme, fourbe et avare, (*saisir*, 3ᵉ pers. sing. pl.-q.-parf. de l'ind.) avec empressement cette occasion de s'enrichir, et l'on n'(*obtenir*, 3ᵉ pers. sing. imp. de l'ind.) cet appui prétendu que par de rudes sacrifices pécuniaires; encore ne (*tenir*, 3° pers. sing. imp. de l'ind.)-il jamais la parole donnée. Il (*appeler*, 3ᵉ pers. sing. imp. de l'ind.) cela vendre de la fumée.

L'empereur fut instruit de ce propos, et résolut de punir sévèrement cet homme indélicat; mais voulant que la vérité (*jaillir*, 3ᵉ pers. sing. imp. du subj.) d'elle-même, il ne l'(*avertir*, 3ᵉ pers. sing. parf. déf.) de rien, et (*envoyer*, 3ᵉ pers. sing. parf. déf.) un de ses officiers solliciter son crédit. Notre homme promit, comme d'habitude, et n'en fit rien, mais il n'(*oublier*, 3ᵉ pers. sing. parf. déf.) pas de se faire payer. Alors l'empereur le fit arrêter et le fit attacher à un poteau; puis l'on (*allumer*, 3ᵉ pers. sing. parf. déf.) alentour du foin et du bois vert, pour que la fumée l'(*étouffer*, 3ᵉ pers. sing. imp. du subj.). Pendant ce temps, un héraut (*crier*, 3° pers. sing. imp. de l'ind.) à la foule qui (*remplir*, 3ᵉ pers. sing. imp. de l'ind.) le lieu du supplice : « Le vendeur de fumée (*périr*, 3ᵉ pers. sing. prés. de l'ind.) par la fumée. »

# TROISIÈME CONJUGAISON.

### 73. Exercice.

(§ 79). — Mettez les verbes aux temps et aux modes indiqués. Ex. : Je *concevais* votre idée.

**Imparfait de l'ind.** — Je *conçois* votre idée. — Nous *apercevons* la comète. — Ils *perçoivent* l'impôt. — Vous *devez* payer la dette. — Tu *dois* m'obéir.

**Parf. indéf.** — Nous *concevons* votre dépit. — Vous *percevez* un revenu. — Ils *aperçoivent* le danger. — Ils *doivent* tout payer. — Je *reçois* un cadeau.

**Prés. du subj.** — Je *dois* mille francs. — Vous *redevez* des remercîments. — Ils *conçoivent* mon chagrin. — Il *aperçoit* sa route. — Nous *percevons* l'impôt. — Tu *dois* avoir faim.

### 74. 3ᵉ conjugaison.

Changez le singulier en pluriel et le pluriel en singulier.

Nous l'*apercevons* enfin.  
Vous l'*apercevriez* bientôt.  
Ils nous *ont dû* beaucoup.  
Je *percevais* bien peu.  
Ils nous *doivent* cela.  
Nous *redevrions* encore tout.  
Il a *déçu* tout le monde.

Vous *avez déçu* mon espoir.  
*Concevez* mieux ceci.  
Vous *aurez aperçu* un loup.  
Vous *devriez* mieux faire.  
Que vous *dussiez* y aller.  
Ils *durent* me comprendre.  
Je *dois* être sincère.

# QUATRIÈME CONJUGAISON.

### 75. Exercice.

(§ 80). — Mettez les verbes aux temps et aux modes indiqués. Ex. : Je *peindrai* un tableau, etc.

**Futur.** — Je *peins* un tableau. — Tu *teins* cette étoffe. — Il *fond* du métal. — Nous *abattons* cet arbre. — Vous *entendez* le tonnerre. — Ils *tordent* du linge.

**Imparf. de l'ind.** — Nous *mordons* le pain. — Tu *perds* ta peine. — Vous *rompez* les rangs. — Je *prétends* tout savoir. — Ils *rendent* la monnaie.

**Prés. du cond.** — Tu *vends* des pommes. — Il *fend* du bois. — Nous *tondons* un mouton. — Vous *attendez* en vain. — Je *réponds* sans crainte. — Ils *tendent* un piége.

**Prés. du subj.** — Vous *mordez* trop fort. — Ils *confondent* tout. — Nous *défendons* la patrie. — Tu *entends* du bruit. — Il *vend* son patrimoine.

**Parf. déf.** — Tu *revends* tes propriétés. — Il *suspend* son hamac. — Nous *perdons* notre chemin. — Vous *rompez* cette branche. — Je *descends* à la cave. — Ils *battent* leur chien.

**Pl.-q.-parf. de l'ind.** — Nous *attendons* le départ. — Vous *étendez* un beau tapis. — Je *tends* un grand filet. — Ils *combattent* sans peur. — Il *prétend* arriver à tout. — Tu *fonds* du plomb.

### 76. 4e conjugaison.

Mettez les verbes aux temps et aux modes indiqués.

**Imparf. de l'ind.** — J'*entendrai* ce concert. — Tu *vendras* ce chien. — Ils *fondront* ces couverts. — Il *prétendra* nous tromper. — Vous *étendrez* les bras.

**Prés. du cond.** — Nous *battîmes* nos habits. — Vous *perdîtes* la tête. — Il *rendit* le pain bénit. — Elles *tordirent* leur linge. — Je *combattis* avec courage. — Tu *vendis* ton château.

**Futur.** — Tu *peins* fort bien. — Vous *rendez* de grands services. — Ils *entendent* la messe. — Nous *descendons* au jardin. — Ils *mordent* la poussière. — Je *prends* la diligence.

**Parf. indéf.** — Ils *répandront* la nouvelle. — Il *pendra* son habit. — Nous *détordrons* la corde. — Vous *attendrez* longtemps. — Je *répondrai* pour toi. — Tu *fendras* cette planche.

**Imparf. du subj.** — Nous *rompions* les rangs. — Vous *vendiez* bien cher. — Ils *tendaient* leurs arcs. — Tu *mordais* dans ton pain. — Il *répondait* malhonnêtement.

**Prés. du subj.** — Nous *défendrions* de sortir. — Vous *abattriez* ce mur. — Je *confondrais* cet imposteur. — Tu *perdrais* au change. — Il *combattrait* tout le monde. — Ils *tordraient* ces barreaux.

---

### 77. 4e conjugaison.

Changez le singulier en pluriel et le pluriel en singulier. Ex. : *Nous descendîmes* à la cave.

*Je descendis* à la cave.
*Nous peindrions* ce panneau.
*Vous fendîtes* ce bois.
*Tu teindras* ce drap.
*Ils confondirent* les livres.
*Tu entendrais* la musique.
*Tu interrompais* sans cesse.
Pour que *j'entendisse* mieux.
Le bruit que *nous entendîons*.
Ce que *nous défendions*.
Que *nous* le *défendissions*.
Que *nous* le *défendions*.
*Il surprendra* le monde.
*Ils rendirent* la politesse.

*Vous vendriez* cette maison.
*Nous suspendîmes* les hamacs.
*Ils apprendraient* à lire.
*Vous attendriez* trop tard.
Si je *ne craignais* qu'il fût le plus fort.
*Tu descendrais* trop bas.
*Ils corrompront* les caractères.
*Tu fondis* ce métal.
*Elle interrompait* encore.
*Vous interrompiez* souvent.
*Tu interrompis* à tort.
Pour que *tu tendisses* l'arc et

que tu *abattisses* l'oiseau.    *Défendez* la patrie.
*Je prétendais* qu'il fallait être    *Ils mordront* la poussière,
  plus fort.                     Et *perdront* la bataille.
*Combattez* hardiment.           *Je ceindrais* mon épée.
*Vous prétendez* me convain-     *Je fondrais* sur l'ennemi.
  cre.                           *Je le battrais* sans merci.
*Vous* le *prétendriez* en vain.  *Je rompis* le pain.

---

**78. 4° conjugaison.**

Mettez les Verbes aux temps et aux modes indiqués.

UNE MINE D'ARGENT.

Je (*décrire*, 1ʳᵉ pers. sing. fut.) une mine d'argent de la
Suède, cela vous donnera une idée suffisante des autres. On
(*descendre*, 3ᵉ pers. sing. prés. de l'ind.) dans cette mine par
trois larges bouches semblables à des puits sans fond. La
moitié d'un tonneau qui s'attache au bout d'un câble, sert
d'escalier. On a pour compagnon un homme noir comme
un forgeron, qui au départ, (*prendre*, 3ᵉ pers. sing. prés.
de l'ind.) un flambeau, et entonne une lugubre chanson.
On se (*défendre*, 3ᵉ pers. sing. prés. du cond.) difficilement
d'un véritable effroi en se voyant ainsi (*suspendre*, part.
passé) à la merci d'un câble qui pourrait bien se rompre.

A moitié de la descente, le froid et la peur vous (*mor-
fondre*, 3ᵉ pers. plur. prés. de l'ind.). Enfin, après une
demi-heure, on (*atteindre*, 3ᵉ pers. sing. prés. de l'ind.) le
fond. Mais alors on (*perdre*, 3ᵉ pers. sing. prés. de l'ind.)
bientôt souvenir de la descente. Ici tout (*prendre*, 3ᵉ pers.
sing. prés. de l'ind.) un aspect féerique; de nombreux
flambeaux (*répandre*, 3ᵉ pers. plur. prés. de l'ind.) une vive
lumière dans une espèce de salon où l'on vous (*conduire*,
3ᵉ pers. sing. prés. de l'ind.) à l'arrivée. Au milieu coule
un ruisseau limpide qui se (*rendre*, 3ᵉ pers. sing. prés. de
l'ind.) à une véritable ville souterraine, avec des maisons,
des auberges, des écuries; là tourne un moulin, pour
épuiser les eaux qui sans cela se (*répandre*, 3ᵉ pers. plur.

prés. du cond.) dans la mine. Les ouvriers y (*vivre*, 3<sup>e</sup> pers. plur. prés. de l'ind.) fort bien, plusieurs même (*prétendre*, 3<sup>e</sup> pers. plur. prés. de l'ind.) préférer cette vie à celle des champs. Il est pourtant certain qu'elle leur est nuisible, car on leur (*défendre*, 3<sup>e</sup> pers. sing. prés. de l'ind.) d'y séjourner au delà d'une certaine limite.

---

## REMARQUES

### SUR CERTAINS VERBES DE LA 1<sup>re</sup> CONJUGAISON.

#### 79. Exercice.

( § 81, 1°). — Remplacez les points par le verbe qui précède. Ex. : Nous forcions la porte ; il *forçait* la porte, vous *forciez*, etc.

Nous *forcions*, il..., vous..., ils... la porte.
*Je renonce*, nous..., tu... à le faire.
Vous *perciez*, tu... ce carton.
Je le *menaçai*, il le..., nous le..., vous le..., tu le... d'un coup.
Ils me *glacèrent*, tu me..., vous me..., il me... de peur.
Le discours que vous *prononciez*, qu'ils..., que nous...
Nous *enfoncions*, tu..., il..., ils... dans l'eau.
La route que je *trace*, que nous..., qu'ils...
Vous *suciez*, tu..., ils..., nous... un sucre d'orge.

---

#### 80. 1<sup>re</sup> conjugaison (remarques).

( § 81, 2° ). — Même devoir.

Je *mange*, nous... du pain.
A quoi *songiez*-vous?... tu?... il?
Ils m'*affligèrent*, tu m'..., il m'..., vous m'... beaucoup.
Vous *abrégiez*, ils..., il..., j'... le travail.
La ville que j'*assiége*, que nous..., que vous...
Ils *changèrent*, tu..., il..., nous..., vous... de visage.

Pour que je le *chargeasse,* que tu le ..., que nous le ...
*Corrigez*-vous, ... nous.
Vous *rangiez,* tu ..., il..., ils ... les livres.

---

### 81. 1ʳᵉ conjugaison (remarques).

(§ 81, 3°, 4°, 5°.) — Mettez les phrases suivantes au futur. Ex. : Nous
*mènerons,* etc.

Nous *menons,* je ..., vous ..., tu ... nos bestiaux.
Vous *enlevez,* tu ..., j'..., il ..., ils ... ce poids.
Vous *cédez* à la force ; tu ... à la prière.
Nous nous *promenons,* tu te ..., il se ..., vous vous...
Nous *préférons* ce qu'il ..., nous *espérons* ce qu'il ...
Nous *possédons,* il ..., tu ..., ils ... de grands biens.
Je *sème* du blé ; vous, que ... vous ? Nous... tous deux la
même chose.
Nous *attelons,* tu ..., ils ..., j'... nos chevaux.

---

### 82. 1ʳᵉ conjugaison (remarques).

Remplacez les points par le verbe qui précède.

Vous ne *jetez* pas, ils ne ... pas, nous ne ... pas, il ne ...
pas le pain.
Il faut que je *pèle,* que tu ..., que nous ..., que vous...
cette pomme.
Je *cachète,* nous ..., vous ..., il ... cette lettre.
Vous *feuilletez,* nous ..., il ..., ils ... un livre.
*Ficelez-le* bien serré. Je le ... fort bien.
Nous *chancelons,* tu ..., il ... ; c'est un tremblement de
terre.
Vous *nivelez* ce jardin ? oui, je le ... tous les ans, un jar-
din que l'on ... souvent est bien plus gracieux.

---

### 83. 1ʳᵉ conjugaison (remarques).

(§ 81, 6°. — Mettez les phrases suivantes à la première ou à la seconde personne du pluriel. Ex. : Nous *pliions* du linge, vous *pliiez* du linge...

Je *pliais* du linge ; tu *pliais* du papier.
Il faut que *je plie,* que *tu plies* cette lettre.

*Je priais* Dieu et *je me confiais* en lui.

Avant que *je* vous *confie* ce secret, il faut que *je* vous *prie* de le garder.

*Tu oubliais* que notre voisine était malade.

Il faut que *tu étudies* comme *tu étudiais* l'an passé.

*Tu te fias* trop à *ta* mémoire.

*Je suppliais* que l'on vînt à *mon* secours.

Il faut que *je vérifie* ce compte, que *j'apprécie* ce travail, puis que *j'étudie* ce projet.

---

## RÉCAPITULATION

### sur les quatre conjugaisons.

#### 84.

Mettre les verbes aux temps et aux modes indiqués.

#### GÉNÉROSITÉ DU JEUNE MONTBRISON.

**Plus-que-parf. de l'ind.** Un paysan des environs d'Amboise (*laisser*) par sa mort dans la misère sa femme et quatre enfants en bas âge. La femme était tombée malade à son tour et (*succomber*) peu après, alors la famille (*assembler*) tous ses membres, (*partager*) tout ce qui restait, et (*décider*) qu'on placerait les trois aînés; mais personne ne (*consentir*) à se charger du quatrième.

**Imparf. de l'ind.** Pendant ces débats, on (*députer*) un des parents à un ami de la famille, lequel avait eu toute la confiance du père; cet ami (*être*) précepteur du fils de M. de Montbrison.

**Prés. du cond.** L'ami consulté répondit : Je ne vois qu'une chose à faire. Je (*placer*) l'enfant aux enfants trouvés, là on l'(*élever*) gratuitement, on lui (*donner*) un état, il (*être*) ainsi sauvé de la misère.

**Futur.** En entendant ces mots, le jeune Montbrison s'écria : mais moi je me (*charger*) de l'enfant, je l'(*élever*), je le (*soigner*) et je l'(*aimer*), ce pauvre abandonné. En vain, son précepteur lui objecte que ses moyens ne (*suffire*) pas à l'entretien de cet enfant. L'élève insiste en disant que puisque de pauvres paysans (*élever*) les autres enfants, il peut bien, lui qui est riche, se charger d'un orphelin auquel il (*consacrer*) ses menus plaisirs.

**Parf. déf.** Le précepteur ému (*céder*) aux instances de son élève. On (*arriver*) à la cabane. Là le jeune Montbrison (*prendre*) le pauvre abandonné, l'(*embrasser*) avec amitié, et se (*tourner*) vers les parents en leur disant : Il est mon fils, je m'en charge, n'ayez plus d'inquiétude à son sujet. Il (*tenir*) parole, et comme un bienfait n'est jamais perdu, cet enfant, quelques années plus tard, lui (*sauver*) deux fois la vie.

------

**85. Récapitulation** (suite).

Même devoir.

GÉNÉROSITÉ DU ROI DE PRUSSE, FRÉDÉRIC LE GRAND.

**Parf. déf.** Le Grand Frédéric (*sonner*) un jour pour appeler un de ses pages; personne ne (*répondre*). Il se lever alors et se (*diriger*) vers la salle des gardes. Là il n'en (*apercevoir*) qu'un, dormant sur un fauteuil; en même temps, le roi (*distinguer*) dans la main du page une lettre froissée; il la (*retirer*) et la (*lire*).

**Imparf. de l'ind.** C'(*être*) une lettre de la mère du jeune homme, par laquelle elle le (*remercier*) de ce que, depuis qu'il (*être*) à la cour, il lui (*donner*) une partie de ses gages pour soulager sa misère; elle (*finir*) en disant qu'elle (*prier*) Dieu de le bénir, et elle l'(*engager*) à songer un peu à lui-même.

**Indicatif présent.** Le roi ayant remis la lettre à sa place, (*prendre*) un rouleau de pièces d'or, les (*glisser*) en silence dans la poche du page, puis (*rentrer*) dans sa chambre. Un instant après, il (*sonner*) de nouveau, et si fort que cette fois le page se (*réveiller*) en sursaut, et (*accourir*) près de lui. — Ah! te voilà, dit le roi, tu dormais bien, fainéant. — Le page (*chercher*) à s'excuser, et, dans son embarras, (*porter*) la main à sa poche. Au travers de l'étoffe il (*sentir*) le rouleau, le (*tirer*), et, tout effrayé, se (*jeter*) aux pieds du roi, qui le regardait sévèrement, et lui dit :

**Parf. indéf.** Sire, on (*chercher*) à me perdre, on a (*mettre*) cet argent dans ma poche, on (*espérer*) ainsi me faire chasser d'ici. Mais je suis innocent.

**Prés. de l'impératif.** Mon enfant, répondit Frédéric, calme-toi. Je te sais innocent. Mais (*être*) toujours le même envers ta mère, (*envoyer*) cet argent, et (*dire*)-lui que je veux te protéger à l'avenir; mais (*tâcher*) une autre fois d'avoir le sommeil moins dur.

———

### 86. 1ʳᵉ et 2ᵉ conjugaison.

#### Même devoir.

Un charlatan (*montrer,* 3ᵉ pers. sing. imparf. de l'indic.) un jeune homme qui avait, à ce qu'il (*soutenir,* 3ᵉ pers. sing. imparf. de l'indic.), une dent d'or.

Des savants (*démontrer,* 3ᵉ pers. plur. parf. défini) que la matière avait bien pu s'arranger dans la dent de la même manière qu'elle se (*combiner,* 3ᵉ pers. sing. du prés. de l'ind.) dans les mines d'or. Mais un chirurgien plus habile (*découvrir,* 3ᵉ pers. sing. parf. défini) que cette prétendue dent d'or n'était qu'une dent ordinaire qu'on (*recouvrir,* 3ᵉ pers. sing. imparf. de l'indic.) tous les jours d'une feuille d'or.

Les premiers voyageurs qui (*parler,* 3ᵉ pers. plur. parf. indéfini) des Patagons, leur (*attribuer,* 3ᵉ pers. plur. parf. défini) une taille beaucoup plus élevée que la nôtre. Mais cette assertion est fausse; ils ont vu les Patagons dans une position qui (*agrandir,* 3ᵉ pers. sing. prés. de l'indic.) tous les objets, c'est-à-dire de loin, sur les hauteurs de leurs rivages, où ces peuples (*accourir,* 3ᵉ pers. sing. prés. de l'indic.) dès qu'ils aperçoivent des vaisseaux. Les Patagons ont, en général, une taille élevée, mais on (*trouver,* 3ᵉ pers. sing. cond. prés.) aisément parmi nous des hommes dont la taille (*surpasser,* 3ᵉ pers. sing. prés. de l'ind.) la leur.

Il en est de même des Lapons, dont les anciens avaient fait

les Pygmées, hommes si petits, qu'ils (*lutter*, 3ᵉ pers. plur. imp. de l'ind.) avec désavantage contre des oiseaux. Aujourd'hui les Lapons sont reconnus comme étant, il est vrai, d'une taille médiocre, mais non très-différente de la nôtre.

Ces exemples nous (*prouver*, 3ᵉ pers. plur. prés. de l'ind.) que ce n'est qu'avec réserve et après une étude sérieuse qu'il faut accepter certaines croyances populaires.

-----

### 87. Récapitulation (suite).

#### Même devoir.

#### INGRATITUDE ENVERS LES ANIMAUX.

L'ingratitude est le plus méprisable de tous les vices, il (*dégrader*, 3ᵉ pers. sing. du prés. de l'indic.) l'homme. Les Athéniens, qui (*élever*, 3ᵉ pers. plur. imparf. de l'indic.) des autels à la Reconnaissance, (*vouloir*, 3ᵉ pers. plur. imparf. de l'indic.) qu'il y eût un tribunal spécial contre les ingrats. Toutefois jamais vice ne fut si rare parmi eux, de sorte que les juges ne (*recevoir*, 3ᵉ pers. plur. imparf. de l'indic.) presque jamais de plaignants. L'un d'eux, las de siéger toujours pour rien, fit placer une cloche à sa porte, et (*attendre*, 3ᵉ pers. sing. parf. déf.) patiemment que les clients (*vouloir*, 3ᵉ pers. plur. imparf. du subj.) bien s'adresser à lui. Pendant longtemps rien ne (*troubler*, 3ᵉ pers. sing. parf. déf.) le repos de la cloche, si bien que l'herbe put croître et grimper le long de la corde. Un jour pourtant elle s'(*agiter*, 3ᵉ pers. sing. parf. déf.) d'une manière étrange. Notre juge tout ému accourt, (*regarder*, 3ᵉ pers. sing. prés. de l'indic.), et que voit-il? un cheval, mais un cheval vieux, décrépit, près de mourir. Il (*manger*, 3ᵉ pers. sing. imparf. de l'indic.) l'herbe, et (*tirer*, 3ᵉ pers. sing. imparf. de l'indic.) innocemment la corde. Le juge fit venir le maître du cheval, lui (*reprocher*, 3ᵉ pers. sing. parf. déf.) sévèrement son indigne action, et le (*condamner*, 3ᵉ pers. sing. parf. déf.) à payer une somme annuelle pour la nourriture et l'entretien du vieux cheval.

Il ne faut pas être ingrat envers les animaux, pas plus qu'envers les hommes.

---

### 88. Récapitulation (suite).

Même devoir.

### LE BANQUIER DE FRANCFORT.

Il y avait autrefois un banquier très-habile en affaires, mais dont l'esprit était loin d'être aussi délié quand on le (*tirer*, 3e pers. sing. imparf. de l'indic.) de ses chiffres. Il alla passer la belle saison à la campagne, et là, sa femme (*tomber*, 3e pers. sing. parf. déf.) dangereusement malade. On (*appeler*, 3e pers. sing. parfait déf.) tout de suite un médecin. Celui-ci (*examiner*, 3e pers. sing. parfait déf.) la malade, et (*répondre*, 3e pers. sing. parfait déf.) de sa guérison, au moyen d'une poudre dont il remit un paquet au mari. Or, dit le docteur, comme il (*importer*, 3e pers. sing. prés. de l'indic.) que la dose soit exacte, de peur que vous ne vous (*tromper*, 3e pers. sing. prés. du subj.), vous (*mettre*, 2e pers. plur. fut.) dans une bouteille d'eau un poids de poudre juste égal à celui d'un ducat d'or. Mais faites bien attention, tout (*dépendre*, 3e pers. sing. prés. de l'indic.) de l'exactitude que vous mettrez dans la dose du remède. — Deux jours après, le médecin reparut, et (*trouver*, 3e pers. sing. parf. déf.) la femme morte. C'est étrange, dit-il, mon remède était infaillible; lui auriez-vous donné la poudre en trop forte quantité? — Non, le poids d'un ducat; seulement, comme je n'avais pas ici de ducat en or, j'(*placer*, 1re pers. sing. parf. indéf.) dans la balance trois écus d'argent, ce qui fait un ducat, et pour plus d'exactitude, j'(*ajouter*, 1re pers. sing. parf. indéf.) l'agio d'après la dernière cote de la Bourse.

---

## VERBES IRRÉGULIERS.

### 89.

( § 87 ). — Employez le verbe mis entre parenthèses en tête de l'exercice, et mettez-le au temps indiqué.

### (*Aller*).

**Prés. de l'ind.** Je... à droite, toi, tu... à gauche, nous ne risquons guère de nous rencontrer.

Nous... partir bientôt, précisément quand nos bons amis... arriver, quel fâcheux contre-temps !

**Futur.** Il est huit heures, dans un instant, je... à la chasse, Marguerite... au marché, les enfants... à l'école, et ce soir nous... tous ensemble au concert.

**Condit. prés.** Vous... bien plus vite dans vos études, si vous écoutiez plus souvent les conseils de vos maîtres.

### (*Acquérir, assaillir, bouillir*).

**Prés. de l'ind.** Je *b*... d'impatience à la moindre contrariété, mais avec l'âge j'apprendrai par expérience que l'impatience ne sert de rien contre les mille petites misères qui nous *ass*... à chaque instant.

**Subj. prés.** On a reconnu qu'il suffit que l'eau *b*... longtemps dans un vase pour qu'elle *ac*... la propriété d'en dissoudre la substance.

### (*Courir, cueillir, dormir*).

**Indic. prés.** L'homme qui ne prend pas pour guide les principes de la saine morale, *co*... à sa perte, tout comme celui qui *cue*... des fleurs sur la pointe d'un roc escarpé, ou *d*... sur le bord d'un profond précipice.

**Subj. prés.** J'ai calculé que pour visiter complétement en quinze jours l'exposition universelle, il faut que nous ne *d*... pas un instant.

### (*Fuir, mentir, mourir*).

**Imp. de l'ind.** Pendant la peste de Marseille, on a vu

des malheureux qui *fu...* le danger, et qui *mo...* avant d'avoir atteint les portes de la ville.

**Prés. de l'ind.** Le trompeur qui *me...*, le lâche qui *f...* n'ont à mes yeux que l'apparence de l'homme.

### (*Partir, tenir, venir*).

**Ind. prés.** Je *p...* demain; si tu *t...* à me voir auparavant, il faut te hâter.

Tu *v...* de faire une mauvaise action, car tu t'es caché pour la faire.

**Subj. imp.** Il suffit, dans la grande bataille de Waterloo, que les uns *v...* trop tard, et que d'autres *p...* trop tôt, pour décider du sort de grands empires.

**Futur.** Quand je serai homme, je *t...* avant tout à être digne de ce nom.

### (*Asseoir, devoir, falloir*).

**Prés. de l'ind.** Le Turc ne *s'ass...* pas comme nous, mais par terre et les jambes croisées; il *f...* une grande habitude pour se trouver bien dans cette posture, et elle *d...* sembler bien incommode à ceux qui ne l'ont pas acquise dès l'enfance.

### (*Mouvoir, pouvoir, savoir*).

**Futur.** Donnez-moi un point d'appui, disait Archimède, et je *m...* la terre.

Vous ne *p...* sérieusement vous instruire et vous perfectionner que lorsque vous *s...* dompter votre caractère.

**Ind. prés.** L'orgueilleux dit : Tout ce que je veux, je le *p...* Le chrétien ajoute : avec l'aide de Dieu, sans lequel je ne *p..,* ni ne *s...* rien.

### (*Atteindre, boire, peindre*).

**Parf. déf.** Quand nous *at...* la ligne des neiges du Mont-Blanc, nous *b...* de l'eau minérale qui sort bouillante du sein des glaces éternelles, et pendant notre repos d'un instant, Paul *p...* le site grandiose qui se déroulait sous nos pieds.

*(Prendre, vaincre, vivre).*

**Parf. déf.** Nous *p...* ensuite par des sentiers escarpés et à pic. Bientôt le froid nous saisit, et à grand'peine nous *va...* dans les premiers moments, un sommeil accablant et dangereux, causé par le refroidissement du sang. Ces régions sont toujours désertes et inhabitées, et l'on cite avec étonnement les quelques noms de ceux qui y vécurent deux ou trois jours.

---

## 90. VERBES INTERROGATIFS.

( § 91 ). — Copier ces phrases en les rendant interrogatives. Ex. : *Avez-vous du pain?*

Vous avez du pain.

Vous entendez la cloche.

Vous avez eu peur.

Vous rentrerez bientôt.

Tu pourras partir bientôt.

Il écrira une réponse.

Ils paieront leurs dettes.

Nous sortirons ce soir.

Vous allez à la messe.

Je puis faire mon devoir.

Je sais ma leçon.

Je répondrai à cette lettre.

Je vous verrai ce soir.

Votre santé est bonne.

Nous souperons bientôt.

Vous m'accompagnerez.

Tu iras au collège.

Vous me donnerez des étrennes.

Tu veux que je te donne un jouet.

Tu aimerais mieux un livre.

Tu viens ou tu ne viens pas.

Vous voulez ou vous ne voulez pas.

Ils peuvent faire cela pour moi.

Ils le peuvent ou ils ne le peuvent pas.

Vous savez ce qui m'arrive.

Il vous arrive malheur.

Quoi! vous ne le savez pas.

---

## 91. VERBES PASSIFS.

(§§ 94-96). — Copier ces phrases en les tournant par le passif. Ex. : *Paul a été battu par Pierre.*

Pierre a battu Paul.

Le chien aime l'homme.

Dieu créa le monde.

L'homme adorera Dieu.

Le chien a mordu Paul.

Le renard poursuivait la poule.

Le chasseur tua le renard.

Un loup aperçut un agneau.

La faim tourmentait le loup.

Le loup inventa une querelle,

4

Et le loup dévora l'agneau.
Un lion avait vu le loup.
La soif attirait ce lion.
La vue du lion effraya le loup.
Le lion poursuivit celui-ci.
Le lion déchira l'animal.
Un moucheron piqua le lion.
La folie atteignit le lion,
Et elle précipita la bête dans un trou,
Où un homme tua le lion le lendemain.
Dieu donne à l'homme le blé.

L'homme laboure la terre, et y sème le blé.
La terre nourrit la plante.
La fleur qui vient porte la graine.
L'homme coupe et récolte le blé.
Le meunier moud la farine.
Le boulanger pétrit le pain.
L'homme mange le pain,
Et l'homme remercie Dieu,
Car Dieu a tout donné.

---

**92. Sujets d'analyse.**

Analyser les phrases suivantes pour le nom, l'adjectif, le pronom, le verbe et le participe.

MODÈLE D'ANALYSE.

*Celui qui donne aux malheureux prête à Dieu.*

*Celui*    Pron. démonst. masculin singulier, sujet de *prête*.
*qui*    Pron. relatif, masc. sing., sujet de *donne*.
*donne*    Verbe, 3ᵉ pers. sing. du présent de l'indicatif, du verbe *donner*, 1ʳᵉ conjugaison.
*aux*    Article contracté, pour *à les*, pluriel.
*malheureux* Adjectif pris substantivement, masculin pluriel, compl. indir. de *donne*.
*prête*    Verbe, 3ᵉ pers. sing. du présent de l'indicatif du verbe *prêter*, 1ʳᵉ conj.
*Dieu.*    Nom propre, masculin singulier, compl. ind. de *prête*.

L'élève n'analysera pas les mots placés entre crochets.

Petits enfants, disait saint Jean, aimez-vous les uns les autres.

La prudence, la sagesse [et] la modération sont des qualités précieuses.

L'orgueil, qui dîne [de] vanité, fait son souper [de] mépris.

L'activité, disait Franklin, est la mère [de] la prospérité.

Fuyez l'oisiveté, c'est la mère [de] tous les vices.

Une troupe [de] jeunes filles chantaient un cantique admirable.

Mon enfant, fais ta prière matin [et] soir, Dieu t'entendra et sera toujours avec toi.

# MOTS INVARIABLES.

### 93. PRÉPOSITIONS.

( §§ 105-109 ). — Copier ces phrases en indiquant les prépositions. Ex.: Viens nous voir *après* (préposition) notre dîner.

Viens nous voir après notre dîner. — Ce livre est-il à vous? — Je suis arrivé depuis deux jours. — Il a plu durant tout le jour. — Voici un bouquet pour vous. — Venez donc près de moi. — Je n'irai pas sans vous. — Vous vous moquez de moi. — Tournez-vous vers lui. — Prenez-le sur vos genoux. — Il est ingrat envers eux. — Ceci est écrit par lui. — Admettez-le parmi vous. — Je me promène avec lui. — Entrez chez nous. — Contre qui vous êtes-vous battu? — Cherchez le livre dans ma chambre. — Je me lève dès cinq heures. — J'y suis allé en hiver. — Choisissez entre vous. — Tout fut créé par Dieu. — Je l'ai aperçu en entrant. — Il fut pris entre deux portes. — Approchez-vous de lui. — On ne peut rien faire sans lui. — Selon moi il a tort. — Il vient vers nous. — Il monte sur le toit.

## 94. ADVERBES.

(§§ 110-114). — Copier ces phrases en indiquant les adverbes. Ex. : Je lui dis *alors* (adverbe) de partir.

Je lui dis alors de partir. — Il reviendra aujourd'hui. — Je l'ai connu jadis. — Cela me convient fort. — Il le faudra pourtant. — Agissez prudemment. — Je n'y vais jamais. — Auparavant je passerai chez vous. — Il ne m'écrit jamais. — Vous viendrez aussi avec moi. — Voyez, il est là. — Vous m'en donnerez autant. — Il l'a fait méchamment. — Cela lui arrive souvent. — Vous verrai-je bientôt? — Comme cela ce sera mieux. — Vous m'en direz tant. — Vous cherchez dehors, il est dedans. — Vous me trompez toujours. — Il m'en donne moins. — Ne venez-vous pas avec moi? — Vous le verrez demain. Où? Je l'ignore. — Employez utilement cet argent. — Désormais vous viendrez ici; très-volontiers. — Il a tout mis sens dessus dessous. — Il ne vous emmènera plus jouer. — Ce n'est vraiment pas très-cher. — Cela ne vous plaît point. — Parle peu, mais parle bien. — Il ne faut dire ni jamais ni toujours. — Amusez-vous modérément. — Souffrez patiemment. — Ne parlez pas trop vite. — Le chapeau est bien, la robe est mal faite. — Tu es aussi travailleur qu'il est peu laborieux. — Ne dites jamais rien de mal contre votre prochain.

---

### 95. Adverbes.

Mettez au pluriel les phrases suivantes, l'adverbe restant invariable.

Parle haut et distinctement.
Je marcherai doucement.
Tu viens bien souvent.
Il salue avec politesse.
Elle travaille patiemment.
Il a bien fait son devoir, et il travaille assidûment.
Ne dis pas je ferai cela demain, fais-le tout de suite.
Il pense juste et parle vrai.
Il ne dit jamais rien de bien, et fait toujours mal.

Tu parles avec affectation, et non avec facilité; tu agis avec fierté mais non avec noblesse.

Il agit souvent à la légère et s'en trouve toujours mal.

Tu marches trop vite, tu ne marcheras pas longtemps.

Il se lève de bonne heure, mais il n'arrive jamais à temps.

Prête avec obligeance, réclame avec discrétion.

Tu manges avec avidité, tu digéreras avec peine.

Il crie plus fort qu'il ne souffre, je reste indifférent; il supporte avec résignation ses douleurs, je le plains de tout cœur.

Je vois avec peine que tu agis plus souvent avec fierté qu'avec grandeur, et que tu parles plutôt avec familiarité qu'avec esprit.

---

### 96. CONJONCTIONS.

( §§ 115-117 ).—Copier ces phrases en indiquant les conjonctions. Ex. : On le lui avait défendu, il ne devait *donc* (conjonction) pas le faire.

On le lui avait défendu, il ne devait donc pas le faire.

J'aime cet enfant, car il est bon et sage, cependant il pourrait être un peu moins paresseux.

Vous me l'avez promis, néanmoins vous ne me l'avez pas donné.

Soyez doux et patient comme le fut le Sauveur.

Il faut fuir le mensonge, or c'est mentir à Dieu que de ne pas faire son devoir.

Je vous tiens donc enfin, quoique vous vouliez m'échapper.

Il vous faut partir tout de suite, ou vous arriverez trop tard.

Tout passe et s'écroule en ce monde, mais la vérité subsiste toujours.

Cela peut être, toutefois j'en doute encore.

Vous ne m'avez pas voulu croire, pourtant j'avais dit vrai.

Dînez tout de suite, à moins que vous n'aimiez mieux m'attendre.

Soit, je dînerai après que vous serez revenu, mais faites vite, afin que je n'attende pas trop.

4.

# SUPPLÉMENT.

### 97. Noms de deux genres.

(§ 119).—Faire accorder en genre et en nombre l'adjectif ou le pronom en italique avec le nom auquel il se rapporte.

1. L'*aigle* est (*cruel*) et (*dangereux*) pour les êtres faibles.

2. L'*aigle*, lorsqu'(*il*) a des petits, fait pourtant preuve d'amour maternel.

3. Comme nous les Romains portaient des *aigles* (*doré*) au sommet de leurs drapeaux.

4. L'*amour* (*maternel*) est bien (*doux*) ; l'*amour* (*divin*) l'est encore plus.

5. Les chants sacrés ont pour moi des délices (*enchanteur*).

6. Je ne puis souffrir l'*orgue* (*criard*) du chanteur ambulant, mais les (*grand*) *orgues* de nos églises, quels instruments divins !

7. J'ai deux enfants ; ma fille, c'est l'*enfant* (*blond*) et rose qui joue près de moi, mais l'*enfant* (*joufflu*) qui est avec elle est le fils d'un ami.

8. Le, la *foudre* (*étincelant*) éclate dans la nue.

9. Les prières apaisent Dieu et arrachent de ses mains les *foudres* (*menaçant*).

10. (*Quel*) *foudre* d'éloquence que le grand Massillon !

11. Les flatteurs sont pour la jeunesse de (*dangereux*) *gens*.

12. Un devoir sacré, c'est le respect des (*vieux*) *gens*.

13. Votre père et votre mère sont deux bien (*bon*) *gens*.

14. J'aime, en fait de musique, les *hymnes* (*harmonieux*) et sublimes de nos chants sacrés.

15. Il n'y a point de pays qui n'ait quelque *hymne* (*national*).

16. *Pâques* sera (*tardif*) cette année. Tant mieux, nous ferons de (*meilleur*) *Pâques*.

## 98. Diverses formes de pluriel.

( § 120 ). — Copier ces phrases en mettant au pluriel tous les mots en italique.
Ex. : Je respecte *mes aïeux*, et..., etc.

20. Je respecte *mon aïeul,* et je tâche de rester digne *de lui.*

21. Non-seulement j'ai mon père et ma mère, mais encore j'ai *mon aïeul.*

22. J'ai bien mal *à.l'œil,* et si cela dure j'ai peur de perdre *l'œil.*

23. Quel potage me servez-vous là, je n'y trouve pas d'*œil?*

24. Pour éclairer cette chambre, il faut y percer *un œil-de-bœuf.*

25. Je n'ai pas eu de prix, mais j'ai eu *un accessit.*

26. Venez sur cette tour, on y voit *un panorama* curieux.

27. Comment donc fais-tu pour avoir ainsi *un pensum* tous les jours?

28. J'ai *un album* de musique, il contient *un quatuor* et *un trio* charmants.

29. C'est souvent dans *le post-scriptum* que se trouve le vrai sens d'une lettre.

30. Faites-moi une bibliothèque avec des rayons de la hauteur d'*un in-folio* et d'*un in-octavo.*

31. Nous avons appris à chanter *un Te Deum, un Credo, un Miserere,* et *un Stabat.*

32. Les *si,* les *car* et les *pourquoi* ne valent pas une bonne raison.

## 99. Diverses formes de pluriel.

33. Il n'y a point *deux (Homère)* ni *deux (Virgile),* non plus que *deux (Raphaël)* et *deux (Phidias).*

34. Nos historiens n'ont pas besoin d'être des *(Tacite)* ou *des (Montesquieu)* pour peindre les admirables traits de notre histoire nationale.

35. Quoi de comparable aux chefs-d'œuvre *des (Boileau)* et *des (la Fontaine),* aux pages éloquentes *des (Bossuet)* et *des (Fénelon)?*

36. Nous avons eu aussi *nos* (*César*) et *nos* (*Alexandre*), puisque nous comptons parmi nos héros *des* (*Napoléon*) et *des* (*Turenne*).

37. L'isthme de Panama à la fois sépare et réunit *les deux* (*Amérique*).

38. Quelles infortunes que celles *des* (*Bourbon*) et *des* (*Stuart*) !

# SYNTAXE.

### 100. ACCORD DU VERBE AVEC LE SUJET.

( §§ 136 et 137 ).—Mettez les sujets au pluriel et faites accorder les verbes.
Ex. : *Les hommes mangent* du pain, etc.

*L'homme* mange du pain.

*Le chien* poursuit le lièvre.

*Un enfant* lance des pierres.

*Il* étudiera la leçon.

*La maison* brûlera.

*La feuille* reverdit au printemps.

*Le cheval* galopait vite.

*L'homme* vit d'espoir.

*L'avocat* défendra l'innocent.

*La graine* devient arbre.

*Le moulin* moud le blé.

*Le meunier* passera la farine.

*Le boulanger* cuisait le pain.

*Je me* nourris de pain.

*L'oiseau* a mangé les insectes.

*L'insecte* détruisait les récoltes.

*L'enfant* respectera les nids.

*Le chien* aime les hommes.

*Il* leur a rendu des services.

*Il* garde les maisons.

*Je* dois aimer le chien.

*Le méchant* souvent prospérera;

Mais *le remords* viendra et punira.

*Le cheval* hennit.

### 101. Accord du verbe avec le sujet.

Même devoir.

*La prière* fortifiera le cœur.

*L'infortune* deviendra moins lourde.

*Je* dois prier souvent.

*Le travail* met en fuite l'ennui.

*L'homme* fut condamné au travail.

*L'étude* forme l'intelligence.

*Elle* procurera bien des distractions.

*L'adolescent* peut et doit s'instruire.

*L'homme* jouit des connaissances acquises.

*Le vieillard* se reposera.

*Le mineur* cherche les métaux.

*Le fourneau* fond et purifie le cuivre.

*Le laminoir* le réduit en lames.

*La filière* le réduit en fil.

*Un ouvrier* le coupera en morceaux.

*Un enfant* les aiguise en pointe.

*Un homme* leur mettra une tête.

*Une femme* polit ces objets.

*Un enfant* les blanchit.

*Il* trie et choisit les épingles.

*J'*achète les épingles.

*L'épingle* est utile.

---

**102. Accord du verbe avec le sujet.**

Mettez les sujets au singulier et faites accorder les verbes. Ex. : Le *mouton* donne la laine, etc.

*Les moutons* donnent la laine.

*Les bergers* tondent les moutons.

*Les fileurs* filent les toisons.

*Les tisserands* tissent le drap.

*Les mères* tricoteront des bas.

*Nous* trouerons les bas.

*Les bouchers* tuèrent les moutons.

*Nous* mangeons les côtelettes.

*Les tailleurs* cousent les habits.

*Nous* userons les habits.

*Les animaux* naissent pour nous.

*Les chevaux* bondissent dans la plaine.

*Les cavales* ont allaité les poulains.

*Les hommes* attrapent les chevaux.

*Ils* les domptent par la force.

*Ils* les dresseront.

*Les chevaux* sont nés pour notre usage.

*Les fleurs* embaument la campagne.

*Les abeilles* butinent sur les fleurs.

*Elles* ont sucé le sirop parfumé.

*Elles* construiront la ruche.

*Les gâteaux* de miel se formeront.

### 103. Accord du verbe avec le sujet.

Même devoir.

*Les hommes* viendront et prendront le miel.

*Les bœufs* mangèrent l'herbe.

*Les pluies* ont mouillé les terres.

*Les bœufs* font du fumier.

*Les terres* ont bu les eaux.

*Les fumiers* fécondent le champ.

*Les eaux* filtrent au travers.

*Les herbes* repousseront de nouveau.

*Elles* vont former les rivières.

*Les graines* germent dans le sol.

*Les rivières* coulent vers la mer.

*Les plantes* croissent peu à peu.

*Les océans* reçoivent tous les fleuves.

*Les fleurs* apparaissent bientôt.

*Les chaleurs* de l'été pomperont l'eau.

*Les fruits* succéderont à la fleur.

*Les vapeurs* formeront les nuages.

*Les hommes* mangeront les fruits.

*Les nuages* se résolvent en pluie.

*Les graines* sont dans le fruit.

*Les phénomènes* recommencent de nouveau.

*Les jardiniers* sèment les graines.

*Les champs* produisirent de l'herbe.

*Les végétaux* renaîtront sans cesse.

---

### 104. Accord du verbe avec le sujet.

Changez le singulier en pluriel, et le pluriel en singulier. **Ex. :** Nous *voudrions* bien…, etc.

1. *Je* voudrais bien travailler, mais *je* souffre trop.

2. *Ils* viendront demain, *ils* apporteront des jouets.

3. *L'homme* fut créé par Dieu, *il* lui doit amour et reconnaissance.

4. *Le chien* est doux, *il* aime l'homme, et *il lui* est fidèle.

5. *Cet enfant* apprend les leçons et *fait* les devoirs avec grand soin.

6. *Les ennemis* approchent, se préparent au combat, nous allons essayer de les bien recevoir.

7. *Je* voudrais voir Paris prochainement.

8. En temps de guerre, *le soldat* souffre souvent de la faim, du froid et de la fatigue, mais *il* les supporte avec résignation, de même qu'*il* combat avec courage, par amour pour la patrie.

---

### 105. Accord du verbe avec le sujet.

##### Même devoir.

9. *Les hommes* vraiment vertueux ne font pas le bien parce qu'*ils* espèrent une récompense, ou craignent une punition, mais parce que le bien est bien.

10. *L'enfant* qui craint Dieu, qui suit ses commandements, et qui s'efforce de faire tout pour le mieux, n'a rien à redouter.

11. *Tu* joues tandis que *nous* travaillons, *tu* dors alors que *nous* veillons, *tu* es paresseux, *nous* sommes laborieux.

12. Voulez-*vous* venir avec *nous*, *nous* allons courir les champs.

13. *Ils* ont battu ce chien, *nous* l'avons recueilli, *nous* l'avons pansé, et si *vous* le voulez *nous* le garderons.

14. *Je* le permets, à condition que *tu* le soigneras bien.

15. *L'avare* entasse des trésors, mais *il* n'en jouit pas.

16. *Les prodigues* perdent *leur* argent, et n'en tirent aucun profit.

17. *Seul l'homme* qui sait être à la fois généreux et économe, apprécie les bienfaits de la fortune, et en fait un digne usage.

---

### 106. Accord du verbe avec le sujet.

Mettez au pluriel les mots soulignés et faites les changements nécessaires dans le reste de la phrase.

#### LES HIRONDELLES.

*L'hirondelle*, dit-on, porte bonheur aux maisons qu'*elle* habite. Je le crois volontiers, car j'aime à voir dans ces petits oiseaux des messagers du bon Dieu, qui nous a tous créés. Ce qui est certain, c'est que *l'hirondelle* a un instinct particulier, grâce auquel *elle* devine quel est le séjour où *elle* se trouvera le plus en sûreté. Ainsi, *elle* a toujours fui la paille inflammable d'un chaume champêtre, ou le toit vermoulu d'une baraque nomade. *Elle* craint tellement les changements et les bouleversements de nos domiciles modernes, qu'*elle* va toujours de préférence se fixer dans les édifices abandonnés. L'homme n'y vient plus, dit-*elle*, et *elle* construit paisiblement *son* nid. Si, par hasard, *elle* descend vers les villes, et se décide à y choisir une demeure, *elle* donnera la préférence à la maison paisible, où *elle* ait la certitude d'un séjour calme et assuré pour longtemps.

### 107. Sujets unis par *et*.

(§§ 138 et 139).—Remplacez les points par le verbe qui précède. Ex. : Pierre et Paul *jouent*.

*Jouer.*     Pierre et Paul...
*Courir.*     Jules et Henri... trop fort.
*Prendre.*     Paul et Pierre... du pain.
*Manger.*     Le pauvre et son fils...
*Partir.*     Louis et son père... demain.
*Sortir.*     Ma mère et moi... ce soir.
*Aimer.*     Le chien et le chat ne s'... pas.
*Pousser.*     Ce peuplier et cet acacia... vite.
*Dîner.*     Mon oncle, ma tante et mon cousin... ici ce soir.
*Étudier.*     Toi et lui... ensemble.

### 108. Sujets unis par *et*.
#### Même devoir.

*Être.*     *Moi* et lui... comme deux frères.
*Commander.*     La religion et la charité... l'oubli des offenses.
*Faire.*     Le travail et la sagesse... le vrai bonheur.
*Tourner.*     La terre et la lune... autour du soleil.
*Défendre.*     Dieu et la conscience... de voler.
*Soutenir.*     La prière et la résignation... les malheureux.
*Suffire.*     Du pain et du vin... pour nourrir un homme.
*Entretenir.*     L'exercice et la propreté... la santé.
*Causer.*     La chaleur et le froid... bien des maladies.

| | |
|---|---|
| *Partir.* | Vous et moi ... ... pour la chasse. |
| *Ressembler.* | Lui et vous ... ..., à votre père. |
| *Arriver.* | Elle et lui ... ce soir. |
| *Déjeuner.* | Vous et nous ... ensemble. |

---

### 109. ACCORD DE L'ATTRIBUT AVEC LE SUJET.

( §§ 143 et 147 ). — Remplacez les points par l'adjectif qui précède. Ex. : Les fleurs sont bien *belles* ce matin.

| | |
|---|---|
| *Beau.* | Les fleurs sont bien ... ce matin. |
| *Grand.* | Ces jardins sont ... |
| *Dangereux.* | La mer était hier bien ... |
| *Terrible.* | Il y a eu de ... naufrages. |
| *Mort.* | Ivon et son fils sont ... |
| *Malheureux.* | Sa femme et sa fille sont bien ... |
| *Content.* | Mon chien et ma chatte sont tout ... |
| *Heureux.* | Ma bonne Louise, es-tu ...? |
| *Vieux.* | La maison qui était si ... s'est écroulée cette nuit. |
| *Savant.* | Mon père et ma mère sont tous deux très-... |
| *Généreux.* | Ma tante et ma cousine sont bien... |

---

### 110. Accord de l'attribut avec le sujet.

#### Même devoir.

| | |
|---|---|
| *Beau.* | Ces maisons, qui étaient si..., on va les démolir. |
| *Gras.* | J'ai rencontré des vaches, qui étaient si ..., qu'elles ne pouvaient marcher. |
| *Content.* | Dites-moi, Henriette et Julie, êtes-vous ... de vos étrennes? |
| *Content.* | Oui, Messieurs nos frères, nous sommes très-... |
| *Chagrin.* | Voilà une famille qui est bien...le père est mort. |
| *Charmant.* | Voulez-vous voir mes jouets? Ils sont ... |
| *Vivant.* | J'aime mieux ma poupée et mon cheval, ils paraissent ... |

---

## RÉCAPITULATION

### sur l'accord du verbe et de l'attribut avec le sujet.

#### 111. LES VERS A SOIE.

Mettez au pluriel les mots soulignés et faites les changements nécessaires dans le reste de la phrase. Ex. : *Les vers à soie sont originaires,* etc.

*Le ver* à soie est originaire du Thibet. *Le* plus grand *soin* est indispensable pour élever avec succès *cet animal* délicat, qui, n'étant point dans son climat habituel, devient très-sensible au froid et aux intempéries de l'air. *Il* est même susceptible de mourir par la moindre négligence. Pendant *sa* (*leur*) courte vie, *il* change jusqu'à quatre fois de peau. Après la dernière mue, *il* est prêt à filer le cocon soyeux, qui forme la soie, ce produit si recherché par l'homme. L'aliment indispensable au ver à soie est la feuille verte et tendre du mûrier, et aussi de quelques autres arbres. Lorsque *le ver* a fait *le cocon*, il faut *le* tuer, sans quoi, au bout de quelque temps, transformé en *papillon, il le* perce, et la soie est perdue. *L'éleveur* n'abandonne ainsi à eux-mêmes que ceux dont *il* veut faire la graine, et *il* nomme graine *le* petit *œuf* que pond *le papillon,* et qui doit, l'année suivante, reproduire *un* nouveau *ver.* Pour dévider les cocons, il faut un ouvrier intelligent, habile et adroit. Il en met une vingtaine dans l'eau bouillante, et les tourne vivement avec un petit balai de bouleau ; *le brin* de soie s'y attache. L'ouvrier en réunit plusieurs ensemble, et les porte sur un dévidoir où ils s'enroulent.

---

#### 112. UNE CASCADE AUX PYRÉNÉES.

Au lieu de *j'eus* un double plaisir... dites *mes deux frères eurent* un double plaisir..., et continuez en remplaçant la première personne du singulier par la troisième personne du pluriel.

*J'*eus un double plaisir à voir *ma* première cascade : d'abord, parce qu'elle était la première, ensuite parce que *j'*en avais fait la découverte. C'était dans le torrent qui mène aux Eaux-Bonnes. *Je me* promenais au bord de ce tor-

rent, et *je* cherchais de l'ombre; et puisqu'il *m'*était défendu
d'aller *m'*asseoir au sommet de ces pics où l'air est si pur
et si rafraîchi, *je me* cachais au fond du ravin pour éviter
un soleil dévorant. *J'*errais au hasard sans suivre de sentier,
*je m'*enfonçais sous les hêtres, attiré, comme malgré *moi,*
vers un bruit étrange, autour duquel *je* tournais sans pouvoir l'atteindre; *je* descendais au bord de l'eau, puis *je* re-
montais le long des rives; tantôt *je* perdais ce bruit, tantôt
*je* l'entendais tout près de *mon* oreille : c'était une cascade.
L'épaisseur du bois, les mille détours du torrent, les cou-
rants d'air, en dispersant ou concentrant le bruit de la
chute, *m'*avaient fait croire que *j'*en étais loin quand *j'*en
étais tout près, et tout près quand *j'*en étais loin. Enfin,
*je* l'avais trouvée. *Je me* laissai donc mouiller de sa poussière humide. *J'*avançai *ma* tête sur le bord pour sentir *mes*
cheveux soulevés par ce souffle puissant d'une eau qui
tombe de cinquante pieds.

Ce bruit, si nouveau pour *moi, me* donna une sorte d'é-
tourdissement qui n'était pas sans charme. Les êtres qui
vivent là ne savent pas ce que c'est que le silence. *Je me*
parlais (mes deux frères...) et *ma* voix n'arrivait pas jusqu'à *mon* ouïe; *je* marchais, et *mon* pied ne faisait rendre
aucun son à la terre; *je* criais, et il *me* semblait que *je me*
parlais tout bas. Un voyageur égaré pourrait se trouver là
à côté d'un brigand, et tous deux passer la nuit, adossés au
tronc du même hêtre, sans qu'il n'y eût ni un voleur, ni un
volé, ni un assassin, ni une victime.

---

### 113. UN CRÉPUSCULE EN PROVENCE.

Mettez au pluriel les mots imprimés en caractères italiques et faites dans la
phrase les changements nécessaires.

J'étais à quelques pas d'une tour, tournant le dos au
fleuve, qui coulait languissamment, à peine avec un peu
plus de bruit qu'un ruisseau. J'avais devant moi un hori-
zon de montagnes, dont la *ligne* gracieuse se dessinait sur
un ciel d'or. Cette *ligne* paraissait si pure et en même temps
si proche qu'il semblait que la *crête* des montagnes fût po-

lie comme l'acier. Excepté le *murmure* du fleuve qui traî-
nait lentement sur un lit de sable ses ondes épuisées, il
n'y avait nul bruit dans l'air; et même ce faible *murmure*
ne servait qu'à augmenter le silence. L'*ormeau* paraissait
frappé d'immobilité par la baguette d'un enchanteur; le *pla-
tane,* arbre presque étranger dans ce pays, et dont la *feuille*
est si agitée dans le nôtre, paraissait dormir comme la
tour, comme les montagnes, comme le ciel. Il n'y a que
dans le Midi que les poëtes ont pu parler du sommeil de la
nature. L'*amandier,* si commun en Provence, arbre lan-
guissant, maigre, sans ombre même sur le sol où il pros-
père, mais dont la *branche* rare et claire semble faite pour
découper le ciel du soir en mille dessins fantastiques, perçait
impunément les airs de sa petite *feuille* effilée et immobile.
Hélas! il n'y avait pas plus de parfums que de souffle dans
l'air; et c'était à peine si en foulant l'*herbe* aromatique qui
croît au bord et souvent au milieu du chemin, je parvenais
à soulever quelques molécules d'odeur salutaire, dont j'a-
vais grand besoin pour corriger une assez forte *émanation*
de marécage qui sortait de quelque *affluent* desséché du
Rhône.

---

**114. LE VENT DANS LES ARBRES.**

Mettez au singulier les mots imprimés en caractères italiques, et faites dans la
phrase les changements nécessaires.

Combien de fois, loin des villes, dans le fond d'un vallon
solitaire couronné d'une forêt, assis sur le bord d'une
prairie agitée des vents, je me suis plu à voir les *trèfles* em-
pourprés, et les vertes *graminées* former des ondulations
semblables à des flots, et présenter à mes yeux une mer
agitée de fleurs et de verdure. Cependant les *vents* balan-
çaient sur ma tête les cimes majestueuses des arbres. Chacun a son mouvement. Les *chênes* au tronc raide ne cour-
bent que leurs branches; les élastiques *sapins* balancent leur
haute pyramide, les *peupliers* robustes agitent leur feuillage mobile, et les *bouleaux* laissent flotter le leur dans les
*airs* comme une longue chevelure. Ils semblent animés de

passions : les *uns* s'inclinent profondément auprès de leur voisin comme devant un supérieur, les *autres* semblent vouloir l'embrasser comme un ami ; *d'autres* s'agitent en tous sens comme auprès d'un ennemi. Quelquefois de vieux *chênes* élèvent au milieu d'eux leurs longs bras dépouillés de feuilles et immobiles. Comme les vieillards, *ils* ne prennent plus de part aux agitations qui les environnent. Cependant ces grands corps insensibles font entendre des *bruits* profonds et mélancoliques. Ce sont des *murmures* confus comme ceux des *peuples* qui célèbrent au loin une fête par des acclamations. Il n'y a point de voix dominantes ; ce sont des *sons* monotones, ce sont des *bruits* sourds et profonds, qui nous jettent dans une tristesse pleine de douceur.

---

### 115. LA PLUIE, LA GRÊLE ET LE TONNERRE.

Remplacez les points par le verbe qui précède ; on le mettra à l'indicatif présent.

| | |
|---|---|
| Être. | La pluie, la grêle et le tonnerre ..... des |
| Avoir. | phénomènes météorologiques qui ..... pour |
| | cause la vapeur d'eau et l'électricité. Pour les |
| Importer. | bien comprendre, il ..... avant tout de sa- |
| Être. | voir ce que ce ..... que de l'eau en vapeur. |
| Transformer. | Par la chaleur, les eaux de la terre se ...... |
| | en un gaz invisible comme l'air, et que nous |
| 1 Nommer. <br> 2 Venir. | .....[1] vapeur. Si cette vapeur, .....[2] à se re- |
| Former. | froidir, elle ..... des gouttelettes d'eau très-petites, comme le brouillard ; c'est dans cet |
| Trouver. | état qu'elle se ..... dans les nuages. Les |
| Flotter. | nuages .... dans les airs, et lorsqu'ils se |
| Résoudre. | ....... en pluie, c'est qu'un vent violent les |
| 1 Comprimer. <br> 2 Forcer. | .......[1] et ....[2] les gouttelettes à se réunir en- |
| | semble et à former de grosses gouttes qui |
| Tomber. | alors ..... sur la terre. Si les gouttes qui se |

1 Former.
2 Trouver.
.....¹ se .....² dans une région très-froide,

1 Congeler.
2 Grêler,
Glacer.
elles se .....¹; on dit alors qu'il .....². Pendant l'hiver, le brouillard lui-même se.....;

Flotter.
puis ces petits glaçons ..... dans l'air, se

1 Rencontrer.
2 Accrocher.
..... ¹, s'.........² les uns aux autres, et

Finir.
...... par former de petits flocons, qui étant

Tomber.
trop lourds ..... sur la terre; on dit alors

Neiger.
qu'il ...... Enfin le tonnerre n'est que le

Produire.
bruit d'une explosion que l'électricité .....;
l'éclair est la lumière de cette explosion; ainsi

1 Tonner.
2 Falloir.
lorsqu'il .....¹ il ne .....² pas redouter le
tonnerre, ce n'est que du bruit, l'éclair

Pouvoir.
seul ..... présenter quelques dangers. Les

1 Redouter.
2 Céder.
hommes qui .....¹ le bruit du tonnerre ....²
sans raison à la peur : le tonnerre n'est qu'un

Tuer.
bruit, et un bruit ne .... pas.

---

### 116. ERREURS ET PRÉJUGÉS.

Copier cet exercice en remplaçant les points par les verbes mis en marge; le
temps et le mode sont indiqués en tête de chaque alinéa.

**Indicatif présent**. L'imprudence des
hommes et les préjugés sont cause de
bien des malheurs. Combien .....-on jour-

Voir.

Dormir.
nellement de gens qui ..... sur les para-
pets des ponts, quand le moindre mouve-

Pouvoir.
ment ou un brusque réveil ..... suffire pour
les jeter à l'eau. Combien d'autres, mal-

Fumer.
gré les récits de terribles incendies, ......
obstinément au milieu de matières inflam-

Dire.
mables. Vous ... à certaines gens qu'un bain
est mortel après le repas, c'est le moment

1 Choisir.
2 Affirmer.

Croire.
Faire.
Raconter.
Falloir.
1 Répandre.
2 Présager.

1 Porter.
2 Ajouter.
Suivre.

qu'ils[1]..... pour nager. Vous leur [2]....... que boire quand on est en sueur est suffisant pour causer la mort, ils ne vous..... pas et n'en ...... qu'à leur tête. Mais si vous leur ...... quelques absurdités de ce genre, qu'il ne ..... pas partir un vendredi, que si l'on .....[1] le sel sur la table, cela .....[2] un malheur, que la corde ou les cheveux d'un pendu .....[1] bonheur, alors ils .....[2] foi à vos paroles, et ..... vos conseils.

**Imparfait de l'indicatif.** Il y a quelque temps, sur les bords de la Seine, des enfants

1 Gambader.
2 Jouer.

......[1] et.....[2] en petits imprudents, si bien qu'un instant après, l'un deux tomba à l'eau.

1 Pleurer.
2 Gémir.
3 Crier.

Ses compagnons .....[1], .....[2] et .....[3], sans

Accourir.

oser lui porter secours. Au moment où un de mes amis et moi nous ......, attirés par leurs cris, un brave marinier et son chien se

1 Jeter.
2 Plonger
1 Reparaître.
2 Déposer.
Réclamer.

.....[1] à l'eau, .....[2], puis au bout d'un instant .....[1] et .....[2] sur la rive le petit malheureux évanoui, dont l'état..... de prompts secours.

Descendre.
1 Arriver.
2 Trouver.

**Parfait défini.** Nous..... sur la rive. Lorsque nous ......[1], nous ......[2] l'enfant que, suivant un préjugé déplorable, l'on tenait la tête en bas et les pieds en l'air. Un homme

Demander.
Répondre.

et une femme, à qui je ....... l'explication de ce traitement, me .... que c'était pour lui faire rendre l'eau qu'il avait avalée. Un ins-

**1** Mourir.

tant après le pauvre enfant ......¹ de la main même du marinier qui l'avait sauvé.

**1** Noyer.
**2** Retirer.
**3** Falloir.

**Indicatif présent.** Quand une personne se .....¹ et qu'on la .....² de l'eau, il .....³

Frictionner.

tout de suite la déshabiller, puis l'entourer de vêtements chauds et secs. On la ...... sur tout le corps; pour cela la main, un morceau de drap, la première chose venue

**1** Suffire.
**2** Devoir.

....¹ fort bien. La tête et la poitrine .....² être maintenues plus hautes que le corps. Puis on

Frotter.
Recommencer.

..... doucement la poitrine, afin que les poumons ...... à jouer, et l'on continue ainsi, jusqu'à ce que le médecin ou une autre personne capable ....¹, et ....² le traitement nécessaire.

**1** Arriver.
**2** Commencer.

---

**117.** LES SINGES ET LE COLPORTEUR.

Complétez les verbes suivant les règles d'accord.

Un jour, un pauvre colporteur *voulu...* traverser un bois; *c'étai...* vers midi, la chaleur et la fatigue *l'accablai...* Il s'*assi...* au pied d'un grand arbre, dans un endroit solitaire que les rayons brûlants du soleil ne *visitai...* jamais; puis, voulant prendre un peu de repos, il *défi...* sa balle, y *pri...* un bonnet de coton, s'allongea sur la mousse et s'*endormi...* Mais il n'avait pas vu que les arbres qui *l'abritai... servai...* d'asile à une famille de singes qui *gambadai...* dans les branches, et *regardai...* fort étonnés ses préparatifs de repos. A peine le sommeil et la fatigue *eure...*-ils fermé les yeux de notre homme, qu'ils *descendire...* aussi vite qu'ils le *pure...* Un instant après, on *eû...* vu chacun des magots coiffé d'un bonnet de coton.

Bientôt le colporteur se réveilla; l'heure le *pressai...*, il *fallai...* partir sans retard. Mais quoi, est-ce un rêve? plus de balle, ou plutôt plus de bonnets! Hélas! je suis volé!

s'écrie le malheureux en levant les mains au ciel. A ce mouvement, le feuillage se *meu...*, les branches s'*écarte...* et il *voi...* les singes sautant de ci de là; autant de têtes autant de bonnets, qui *semble...* se moquer de lui. Mis en fureur par ce mauvais tour, notre homme leur *lance...* des pierres; il *reçoi...* en retour une pluie de marrons et de glands qui *tombe...* autour de lui dru comme grêle. Il *injuri...* les voleurs; mille cris discordants lui *réponde...* Alors hors de lui, se voyant ruiné, le malheureux se frappe la tête, et saisissant son bonnet, le *lance...* à terre. Aussitôt, tous les singes *grince...* des dents, se *décoiffe...* et les bonnets *pleuv...* à terre autour du colporteur, qui s'*empresse...* de les ramasser.

---

### 118. LE RENNE.

Appliquez les règles d'accord.

C'est au genre cerf qu'*appartienn...* les rennes, qui *rend...* de si grands services dans les régions polaires, les seules, du reste, dans lesquelles ils *puiss...* vivre. De tout temps les Lapons *tirère...* le plus grand parti de cet animal, qui leur *tien...* lieu de vache, de brebis, de chèvre et de cheval. Quelques espèces de mousses, que les neiges *défend...* contre la gelée, *constitue...* leur seule nourriture pendant l'hiver. Les Lapons *attelle...* le renne à des traîneaux, et *attache...* à leurs larges bois des guides ou bandes de cuir qui *serv...* à les conduire. Ces animaux *coure...* si vite que dans un seul jour ils *peuv...* parcourir jusqu'à trente-sept lieues; mais pour qu'ils *vive...* bien, il faut un froid qui *serai...* insupportable à tout autre animal, ce qui s'*opposera...* toujours à ce qu'on *puiss...* les acclimater parmi nous.

Les quelques individus que l'on a transportés dans nos climats y *viv...*, néanmoins, mais ne *rende...* aucun service, ils *exige...* trop de soins. Les rennes sauvages *habit...* pendant l'hiver les plaines boisées et marécageuses, mais pendant l'été, ils se *réfugi...* dans la montagne, dont ni le froid, ni l'aridité ne leur *répugne...* et

où, au contraire, *s'entretienn...* leur santé et leur vi-
gueur. Ce voyage, ou plutôt cette émigration *oblige...*
même les Lapons à faire comme leurs rennes, sans quoi
ils *perdrai...* leurs troupeaux, qui *forme ...* leur seule richesse. Aussi, chaque été, les montagnes *voi...*-elles leurs
neiges habitées par une nombreuse population de rennes
et de Lapons.

---

### 119. ACCORD DES ADJECTIFS NUMÉRAUX.

( §§ 152 et 153 ). — Ecrivez en toutes lettres les adjectifs écrits en chiffres.

J'ai dépensé bien près de 80 francs pour avoir des livres.

Vous faites erreur, moi j'ai compté 95 francs.

Combien vous reste-t-il d'argent? 120 francs, je crois.

Sur 400 francs que j'avais emportés, c'est bien peu.

Londres a 2,803,000 habitants, elle est située à 380 kilomètres de Paris.

Paris a 1,825,300 habitants, le mur fortifié qui l'entoure
a 83 kilomètres, 930 mètres de longueur.

Rome a 197,000 habitants, on y compte plus de 300
églises.

Berlin a 500,000 habitants. — Madrid en a 480,000, et
est située à 1,120 kilomètres de Paris.

Vienne compte plus de 531,000 âmes, Saint-Pétersbourg
en compte 500,000, et Constantinople 720,000.

La Banque de France émet des billets de 1,000 francs, de
500 francs, de 100 et de 50 francs.

Combien vous coûte cette bibliothèque? Environ 4,000
francs.

---

### 120. ACCORD DE *MÊME*.

( § 154 ).—Remplacez les points par les mots *même*. Ex. : On avait pour lui les
*mêmes* soins, etc.

#### LE CHAT.

Certain chat vivait depuis longtemps dans une bonne
maison où tout le monde l'aimait; on avait pour lui les...
soins, les... attentions que pour une grande personne. Les
domestiques, les enfants ... ne le tourmentaient pas.
Pourtant notre chat était triste, et disait : Quel ennui de

vivre toujours aux... lieux, de voir les... personnes, de
coucher sur les... chiffons, de manger les... soupes, dans
les... assiettes, sous les... tables! Je préférerais tout à cet
ennui qui me ronge. Il faut partir d'ici, dussé-je être misérable; mourir de faim me semble moins triste que de
mourir d'ennui. Sitôt dit, sitôt fait; il se sauva sans...
regarder derrière lui ; après une course de plusieurs heures,
il arriva dans une prairie bien verte, bien ombragée, où il
s'arrêta enfin, heureux de ne pas voir les... objets, et sans
regretter, l'ingrat, ceux-là qui l'avaient élevé et soigné.
Mais celui qui fait le mal est toujours puni, et il en est
ainsi... pour les chats.

------

### 121. ACCORD DE *QUELQUE*.

( § 155 ). — Remplacez les points par le mot *quelque.*

Les premiers moments ne furent pas sans... jouissances.
Il se livra à... gambades, fit sauver... grenouilles, mais...
soient les plaisirs de la promenade, ... distractions qu'offrent
la campagne et la liberté, l'estomac ne perd pas ses droits.
Bientôt notre chat éprouva ... tiraillements, et il crut voir
passer comme en rêve devant ses yeux ... assiettes pleines
de succulents débris; mais ce n'était qu'un rêve; et il dut
s'avouer qu'il mettrait bien sous la dent ... rogatons, même
une croûte de pain dur. Vain désir! ... recherches qu'il
fasse, il ne voit que de l'herbe ; or... affamés qu'ils soient,
les chats ne mangent pas d'herbe. Tout à coup un bruit
sourd, lointain, effrayant, se fait entendre. Notre chat se
dresse, écoute, tremble dans sa peau, et regrette fort son
escapade; hélas !... soient ses regrets, c'en est fait, il est
perdu, une inondation immense, causée par la rupture
d'une digue, envahit tout à coup la prairie et toute la contrée. En un instant tout est couvert d'eau; ... arbres
montrent encore leur sommet au-dessus des vagues, et
au loin, au milieu de ... débris, apparaît un point blanc,
luttant contre les flots, et poussant des miaulements à fen-
dre l'âme; c'est le chat que l'eau emporte vers des pays
inconnus.

## 122. ACCORD DE *TOUT*.

(§ 156). — Remplacez les points par le mot *tout*. Ex.: ... La pauvre bête *toute* mouillée, etc.

Par grâce souveraine, son voyage ne fut pas bien long. Tandis que la pauvre bête ... mouillée et ... ahurie battait vainement l'eau de ses quatre pattes, et croyait à ... instant toucher à sa dernière heure, un courant rapide l'entraînait, devinez où? droit vers le toit hospitalier qu'il avait si vilainement déserté le matin; et au moment où notre chat, les yeux ... à l'envers, s'apprêtait à couler à fond, sa patte s'accrocha au bord d'une toiture encore à sec, sur laquelle il s'élança, je n'ai pas besoin de le dire, sans la moindre hésitation. Tandis que les poils ... dégouttants d'eau, les pattes ... paralysées, il considère le toit protecteur, quelle ne fut pas sa surprise en reconnaissant le toit même sur lequel il allait ... les nuits promener ses ennuis et miauler ses peines aux étoiles; ces tuiles, il les connaissait ...; ces trous, il y avait mis son nez. Comme à ce moment ce toit dédaigné lui sembla beau, comme ces cheminées lui paraissaient ... pleines de grâce et de gentillesse, et combien il se promettait de ne plus les quitter! Aussi quand l'eau se fut retirée, quand ... la campagne fut à sec, il redescendit, ... penaud et ... repentant, et pleura de joie en retrouvant, bien mouillés et boueux ... ces objets familiers qui naguère lui inspiraient tant d'ennui :

On hait ce que l'on a, ce qu'on n'a pas on l'aime.

---

# ACCORD DU PARTICIPE.

### 123. Participe présent et adjectif verbal.

(§§ 157-160). — Mettez au pluriel les mots en italique, en appliquant la règle du participe présent et de l'adjectif verbal. Ex. : J'aime à voir *les enfants jouant*.

J'aime à voir *l'enfant jouant*.
*Ce malade est agonisant.*
*Un homme montrant* la lanterne magique.
*Un musicien raclant* du violon.

N'habitez jamais sur les bords *du marais stagnant* et *puant.*

J'admire *l'abeille butinant* sur les fleurs.

Aujourd'hui *un navire est un palais flottant.*

Étudiez *l'instinct surprenant* du chien.

J'ai *un oiseau vivant, un poisson volant,* et *un singe savant.*

Rien n'est joli comme *le dauphin nageant, plongeant,* se *jouant* sur les flots.

Nageur, méfie-toi de *ce tapis flottant* d'herbes aquatiques, de *ce piége verdoyant caché* sous *le flot dormant.*

Il y a dans l'eau *une araignée,* qui *va* se *logeant* sous les herbes et s'y *bâtissant un nid flottant.*

J'aime à entendre *l'enfant chantant* les louanges de Dieu; *sa voix s'harmonise* si bien avec *le son touchant* et *éclatant* de l'orgue, qu'il me semble voir leurs accords monter jusqu'au trône céleste.

*Il allait* toujours *jouant, sautant, courant* dans *le pré verdoyant, suivant* le cours *du ruisseau murmurant,* et *cueillant la pâquerette émaillant* çà et là la verte prairie.

---

### 124. Participe avec *avoir.*

( §§ 162 et 163 ).—Mettez au pluriel les mots en italique, et faites accorder le participe s'il y a lieu.

*L'enfant a* poursuivi le chat.
*Il a mangé* un gâteau.
*Ma sœur m'a* brodé un col.
*Tu as* eu un ami.
*Tu m'as* donné mes étrennes.
*Il a* bu tout le vin.
*Un homme a* frappé mon cheval.
*Le lion a* dévoré un bœuf.
*Le bœuf a* mangé toute l'herbe.
*L'éclair a* brillé dans le nuage.

*Elle a* respiré ce parfum.
*La main a* saisi la nourriture.
*J'ai* applaudi la musique.
*Le chat a* croqué mes pigeons.
*Le domestique a* battu le chat.
*Il lui a* cassé la patte.
*J'ai* grondé bien fort le domestique.
*Le prisonnier a* souffert de la faim.
*Il a* eu grand froid.

### 125. Participe avec *avoir*.

Copiez ces phrases, en mettant tous les verbes au parfait indéfini. Ex. : Les lettres que *j'ai écrites* sont à la poste.

Les lettres que *j'écris* sont à la poste.
Les livres que vous *me prêtez* m'amusent fort.
*J'attelle* les bœufs à la charrue.
*Je bêche* les deux plates-bandes.
Vous salissez les marches que je *balaie*.
Nous *conduisons* ces bêtes au marché.
Vous *oubliez* encore les cadeaux promis.
Mes cadeaux, vous les *oubliez* encore.
Vous *admirez* mes fleurs.
Mes fleurs, les *visitez*-vous?
*J'orne* de fleurs toutes mes plates-bandes.
Voyez mes plates-bandes, je les *garnis* toutes de fleurs.
Je *cueille* de beaux bouquets.
Oh ! les beaux bouquets que vous *cueillez* !
Nous *mangeons* d'excellents fruits.
Les beaux fruits que vous nous *servez*.
Je *reçois* les livres que vous me *donnez*.
Enfants, vous *subissez* la peine de vos fautes.
Nous n'*oublions* pas les images que vous nous *montriez*.
Je *dompte* moi-même tous les chevaux que *j'élève*.

———

### 126. Participe avec *avoir*.

Copier ces phrases en mettant au parfait indéfini les verbes en italique. Ex. : La cloche que *j'ai entendue* sonner, etc.

La cloche que *j'entends* sonner a un bien beau timbre.
Je vous *vois* jouer dans le jardin, mes enfants.
*J'entends* chanter tous les airs nouveaux.
Toutes ces romances, je les *entends* chanter chaque soir.
*J'entends* chanter tous nos meilleurs artistes.
Ces deux acteurs, je les *entends* chanter le soir.
Voilà des tableaux que je *vois* peindre.
Voici les artistes que je *regarde* peindre.
Je vous *invite* tous à dîner chez moi.
Présentez-moi ceux que vous *invitez* à dîner.

Voyez les belles broderies que je *sais* faire.

Avez-vous les noms des personnes que je *désire* voir?

Vous *désirez* voir nos musées, vous avez raison.

Mes deux fils, je les *envoie* étudier au séminaire.

Voici les deux livres que vous *désirez* étudier.

Mes enfants, je vous *invite* à travailler avec courage.

Recevez poliment les personnes que vous *invitez* à dîner.

Ne soyez pas indiscret avec celles que vous *demandez* à voir.

Il y a de bien belles choses que je *désire* voir.

Il y a des secrets que je *veux* rechercher, des secrets qu'on *laisse* se perdre depuis longtemps, ou que leurs inventeurs *tiennent* à cacher.

---

### 127. PARTICIPE AVEC ÊTRE.

( § 164 ). — **Faites** accorder le participe suivant la règle.

Julie a été *puni*... — La chienne a été *battu*... — Ma main est *brûlé*... — Mes frères sont *arrivé*... — Ma main a été *coupé*... — Pauline a-t-elle été *guéri*...? — La poule a été *mangé*... — La pierre est *taillé*... — La rivière sera bientôt *passé*... — Pauvre tourterelle! elle est *plumé*... — La voiture est-elle *attelé*...? — La ville fut *inondé*... — Tous ces arbres sont *déraciné*... — La nouvelle année est enfin *arrivé*... — Comme la pluie est *tombé*...! — Ces meubles sont-ils *vendu*...? — Ces étoffes ont été *teint*... — La prairie est tout *inondé*... — Mes chaussures sont *percé*... Une lionne a été *aperçu*... dans la plaine. — Ces bâtons sont mal *coupé*...

---

### 128. Participe passé des verbes passifs et neutres.

(§ 164-167). — Mettez les sujets au pluriel, en faisant accorder les participes, s'il y a lieu. *Les moissons sont détruites* par l'orage.

*La moisson est détruite* par l'orage.

*Un bienfait n'est* jamais *perdu*.

*Cet oiseau a été tué* par la foudre.

*Cet enfant est puni* justement.

*Mon devoir va* être *fini*.

*L'église nouvelle est consacrée.*

*Il a été soigné* par le médecin et *guéri* par Dieu.

*Par qui ce devoir a-t-il été fait?*

*Sa prière sera exaucée.*

*L'éclair a éclaté* dans la nue.

*Une larme a coulé* sur son visage.

*Cette lecture* nous *a semblé* bien *longue.*

*Mon parent est parti* cette nuit pour Paris.

*La maison a été inondée, elle s'est écroulée* en un instant.

*Votre mensonge a été découvert, il a nui* à votre avancement.

Quand *il est revenu, tout le chagrin qu'il avait s'est dissipé.*

Au théâtre, l'autre jour, *un spectre a paru* sur la scène, *il a été* fort *applaudi,* puis subitement *il s'est évanoui.*

*Il a* tellement *dansé,* qu'*il est tombé malade,* et *n'a été guéri* qu'à grand'peine.

Il est probable que quand *tu seras arrivé, je serai parti.*

———

**129. Participe passé des verbes réfléchis.**

( §§ 168-170 ). Mettez les verbes en italique au parfait indéfini et faites accorder le participe, s'il y a lieu. Ex. : Elle *s'est enfuie,* sans attendre son reste.

Elle *s'enfuit* sans attendre son reste.

Vous vous *repentez* de vos fautes, espérez votre pardon.

Elles *s'ennuient* beaucoup, cela les *punit* de leur oisiveté.

Ils *s'engraissent* des sueurs du pauvre, ils seront pauvres un jour.

Pendant toute sa captivité, elle se *nourrit* de laitage.

En tombant de si haut elles se *tuèrent.*

Pour échapper à la honte, ils *s'empoisonnèrent* avec du cuivre; ils *ajoutèrent* ainsi la lâcheté à la honte.

Folle de douleur, elle *se brisa* la tête.

De temps immémorial les veuves hindoues se *brûlèrent* sur le bûcher de leur époux.

Puis, demandant justice et vengeance, il *se perça* la poitrine de son glaive.

———

### 130. Participe passé des verbes réfléchis.

Même devoir.

En traversant le foyer de l'incendie, ils se *roussirent* tous les cheveux.

Tous les paresseux se *nuisent* à eux-mêmes.

Toutes elles se *crevèrent* les yeux avec un fer rouge.

A la prise de Constantine, des femmes arabes se *précipitèrent* dans un ravin, elles se *brisèrent* le corps sur des rochers aigus, plutôt que de tomber en notre pouvoir.

Combien de malheureux se *repentent*, dans leur vieillesse, des plaisirs' auxquels ils se *livrèrent* dans l'âge mûr, et, dans l'âge mûr, combien se repentent des défauts et des vices dont ils ne se *corrigèrent* point pendant l'enfance.

---

### 131. Accord des participes (règles diverses).

Mettez au pluriel les mots en italique, et faites accorder le participe, s'il y a lieu. Ex. : Il est *arrivé* des accidents. — Des accidents sont *arrivés*.

Il est arrivé *un accident*. — *Un accident* est arrivé. — *Quel orage* il a fait! — *Un éclair* a brillé. — Il s'est coupé *le doigt*. — *Le doigt* qu'il s'est coupé. — *Quel froid* il y a eu! — *L'enfant* s'est souvenu. — *L'homme* s'est repenti. — *Il s'est* suicidé. — Il est tombé *une pierre*. — *Une pierre* est tombée. — *Le soin* qu'il a fallu donner. — Il a fallu donner *un pain*. — Il a voulu sonner *la cloche*. — Ils ont voulu toucher *l'orgue*. — Il s'est cassé *la jambe*. — *La jambe* qu'il s'est cassée. — *Le général* est arrivé. — Il est arrivé *un maréchal*.

---

## RÉCAPITULATION

### sur l'accord des participes.

Compléter les participes en italique, en suivant les règles d'accord.

### 132. LE MENDIANT ET LE MILAN.

Un mendiant traversait une forêt, réfléchissant sur la triste destinée qui lui avait été *fait*... Il était plongé dans

cette méditation, quand il vit un milan descendre du haut
des airs, et s'arrêter près d'un vieux nid. Dans ce nid était
une pauvre petite corneille à moitié *déplumé...*, que ses
parents avaient *abandonné...* L'orpheline avança sur le bord
du nid sa tête *pelé...*, l'oiseau de proie lui donna à manger la nourriture qu'il avait *apporté...* dans son bec, puis
il s'envola. A la vue de cette merveille : — Que la bonté
et la miséricorde de Dieu sont grandes ! s'écria le mendiant. Ceux-là qui ne peuvent chercher leur nourriture, il
ne les a point *délaissé...*; il a *préparé...* une table com-
mune à toutes ses créatures et les y a également *convié...*,
et moi, son plus parfait ouvrage, je mendierais mon pain!
Non, je m'abandonne à la providence de celui qui prend
soin de ce petit oiseau. — Ayant *dit...* ces paroles, il se
couche sous un arbre et attend. Mais le soleil a *terminé...*
sa carrière et rien n'est venu. Le lendemain notre homme
avait grand'faim; la nourriture ne vint pas davantage,
mais il vit que le milan n'avait point *oublié...* sa protégée.
Le soir du troisième jour, le milan vint encore, et quand la
corneille eut *mangé...* sa pitance, il lui dit : — Je vous ai
*soigné...* jusqu'à présent, parce que vous ne pouviez encore ni quitter votre nid ni pourvoir à votre subsistance ;
maintenant que vous pouvez voler et vous suffire à vous-
même, vous me voyez pour la dernière fois. Cela dit, il
s'envola. L'homme comprit alors pourquoi Dieu n'avait
point *écouté...* sa prière, et s'étant levé, il alla demander
de l'ouvrage dans une ferme voisine, bien résolu à travailler pour gagner sa vie.

### 133. Participe avec *avoir*.

#### Même devoir.

#### RÉVOLUTIONS DU GLOBE.

Le globe que nous habitons a *éprouvé...* de nombreuses
révolutions. La plupart de ces révolutions ont été subites ;
cela est surtout facile à prouver pour la dernière de ces
catastrophes, pour celle qui, par un double mouvement, a

*inondé...* et ensuite *remis...* à sec nos continents actuels, ou du moins une grande partie du sol qui les a *formé...* Elle a *laissé...* dans le pays du nord des cadavres des grands quadrupèdes que la glace a *saisi...*, et qu'elle a *conservé...* jusqu'à nos jours avec leur peau, leur poil, leur chair même. Or, cette glace éternelle n'occupait pas auparavant les lieux où elle les a *saisi...*, car ils n'auraient *pu...* vivre sous une pareille température. C'est donc le même instant qui a *fait...* périr les animaux et qui a *rendu...* glacials les pays qu'ils habitaient.

D'effroyables événements ont donc souvent *troublé...* la vie sur cette terre. Des êtres vivants ont été victimes d'affreuses catastrophes : les uns, habitants de la terre sèche, ont été *englouti...* par les déluges ; les autres, qui peuplaient le sein des eaux, ont été *mis...* à sec avec le fond des mers subitement relevé ; leurs races même ont *fini...* pour jamais, et n'ont *laissé...* dans le monde que quelques débris à peine reconnaissables par le naturaliste.

*D'après* G. CUVIER.

### 134. Participe avec *avoir*.

Même devoir.

### PLAIDOYER POUR LES CHATS.

La cause que j'ai *entrepris...* de défendre est plus difficile que je ne l'avais cru d'abord. En effet, messieurs, on a généralement mauvaise opinion du caractère des chats ; et, grâce à leurs griffes aiguës, ils ont toujours *eu...* beaucoup d'ennemis ; mais aussi avons-nous bien *rendu...* justice à tout le monde ? Si les chats sont méchants, nous ne sommes pas très-bons ; on les a *accusé...* d'égoïsme, et c'est nous qui leur avons *fait...* ce reproche ! Ils sont fripons : qui sait si de mauvais exemples ne les ont pas *gâté...*? On ne les a jamais *vu...*, dit-on, flatter que par intérêt ; mais, parmi les flatteurs, en avez-vous connu beaucoup de désintéressés ? Je ne m'amuserai point à faire l'apologie des chats ; mais si vous les détruisez, qui mangera les souris ? Assurément ce ne sera pas l'auteur de la loi ni celui qui vous l'a *proposé*... On vous a *parlé*... de souricières, messieurs ! eh ! qui n'en a reconnu l'impuissance ? Des souricières ! c'est un piége qu'on vous a *tendu*..., ne consentez pas qu'on puisse dire que vous vous y êtes laissé prendre. Depuis longtemps, les souris, trop bien avisées, les ont *pris*... en grand mépris. Attendez-vous donc à voir, au premier jour, la gent trotte-menu ronger impunément tous ces livres que vous avez *acheté*... si cher. Non, messieurs, non, vous ne condamnerez pas les chats ; car les détruire, ce serait rétablir le vandalisme en France !

*D'après* COLNET.

---

### 135. SUPPLICE DE JEANNE D'ARC.

Le trente mai 1431, Jeanne, quand elle eut *recueilli*... le peu de force que lui avait laissée sa longue captivité, monta dans la charrette qu'avait *amené*... le bourreau. Son confesseur, qui ne l'avait pas *quitté*... un seul instant pendant les longs mois qu'avait duré sa détention, et qui l'avait *soutenu*... par ses pieux engagements, monta auprès d'elle. Huit cents Anglais, que l'on avait *armé*... de haches, de lances et d'épées, marchaient alentour.

Pendant le trajet, elle pria si dévotement, qu'on eût *dit*... un ange, et que les Français qu'avait *attiré*... un si douloureux spectacle, ne pouvaient retenir leurs larmes.

Lorsqu'elle fut *arrivé*... au lieu du supplice, elle demanda qu'on lui donnât une croix : un Anglais en fit une de deux bâtons que le hasard ou plutôt la Providence lui avait *procuré*..., et la lui présenta. Jeanne, après l'avoir *pris*... dévotement, la baisa avec ferveur.

Cependant le bûcher était *dressé*... ; on y fit monter la condamnée, et l'on plaça sur sa tête une mitre où étaient *écrit*... les mots HÉRÉTIQUE, RELAPSE, IDOLATRE.

La jeune fille, après avoir *protesté*... de son innocence et s'être *recommandé*... à Dieu, se résigna humblement à l'affreux supplice auquel elle s'était *entendu*... condamner, et les flammes l'avaient déjà *enveloppé*... qu'on l'entendait encore prier ; le dernier mot qu'on put distinguer, fut « Jésus. » Il n'était personne qui ne pleurât. « Ah ! nous sommes *perdu*..., s'écriaient les soldats anglais eux-mêmes, nous avons *brûlé*... une sainte ! » Un d'entre eux affirma qu'il avait *vu*... des lettres de feu qui figuraient au-dessus du bûcher le nom de Jésus.

*D'après* DE BARANTE.

## 136. EMPLOI DES TEMPS DU SUBJONCTIF.

Mettez à l'indicatif ou au subjonctif les verbes entre parenthèses.

Souvent, notre maître nous dit : Il faut que vous vous (*habituer*) à écrire toutes choses lisiblement et correctement.

Avant que vous (*entreprendre*) d'écrire, apprenez à penser.

Avant de juger vos semblables, il convient que vous (*apprécier*) les motifs qui les ont fait agir.

Il importe que nous (*étudier*) les langues modernes pendant notre jeunesse, si nous voulons ensuite voyager.

Il est bon que nous nous (*familiariser*) de bonne heure avec la pratique du calcul.

Il serait indispensable que l'on (*savoir*) au moins effectuer les quatre règles fondamentales de l'arithmétique.

Je ne croyais pas qu'il (*falloir*) moins d'une douzaine de jours pour aller de Londres à New-York.

Il est nécessaire que nous nous (*acquitter*) de nos devoirs avec la plus grande ponctualité.

Il serait à souhaiter que tous tant que nous sommes, nous (*oublier*) les injures que nous avons reçues, mais que nous nous (*souvenir*) des bienfaits dont nous avons été l'objet.

Dieu veut que nous le (*prier*) de tout notre cœur et avec persévérance.

Vous réussirez tôt ou tard, pourvu que vous (*être*) laborieux.

Auteurs, qui prétendez nous instruire, il importerait que vous vous (*mettre*) à la portée du plus grand nombre.

Lorsque vous (*apercevoir*) un édifice construit avec symétrie et conformément aux règles de la plus savante architecture, vous n'hésitez pas à déclarer qu'il est l'œuvre d'un artiste aussi savant qu'intelligent; dès lors, vous est-il permis de croire que ce vaste univers, où règne une si parfaite harmonie, (*devoir*) son existence au hasard, et à la combinaison fortuite des éléments ?

Pourvu que vous (*arriver*) à temps, je n'exige pas que vous (*courir*).

Je ne crois pas qu'on (*trouver*) dans la Fontaine une ligne qui (*sentir*) la recherche ou l'affectation.

Si peu que vous (*donner*) aux pauvres, pourvu que ce (*être*) de bon cœur, votre offrande sera toujours agréable à Dieu.

Pour peu que vous vous (*hâter*), vous arriverez à la ville avant le coucher du soleil.

Il fallait que nous (*déplier*) les étoffes que nous avons récemment achetées et que nous vous les (*faire*) voir.

Pour que je vous (*tutoyer*), il faut que vous me (*tutoyer*) vous-même le premier.

Je désire beaucoup que votre frère et vous, vous (*m'accompagner*) dans mon voyage aux Alpes.

Si vous voulez récolter, il faut que vous (*cultiver*) avec soin votre champ, que vous (*l'ensemencer*), et que vous (*surveiller*) constamment votre récolte depuis sa première apparition jusqu'à sa maturité.

Je ne souhaitais pas que vous (*devenir*) riche, mais je souhaitais que vous (*devenir*) vertueux.

Mes enfants, je tiens à ce que vous (*acquérir*) une connaissance suffisante des principaux chefs-d'œuvre de la littérature, soit ancienne, soit moderne; que vous vous (*délecter*) à la lecture d'Homère, de Virgile, d'Hésiode, de Platon et de Cicéron, aussi bien qu'à celle de Bossuet, de Fénelon, de Corneille et de Racine.

Quoi que vous (*dire*), quoi que vous (*faire*) on glosait toujours sur votre compte.

Mes enfants, il convient que vous (*fuir*) les méchants comme la peste.

Il était douteux que j'(*aller*) habiter la campagne avant le mois de juin.

Pourvu que nous (*apprendre*) à étudier pendant notre séjour au collége, nous n'y aurons point perdu notre temps.

Les commencements du règne de Néron semblaient présager un bon prince : un jour il fallait qu'il (*signer*) un arrêt de mort : Plût aux dieux, s'était-il écrié, que je ne (*savoir*) pas écrire !

Caligula prononça un jour, en plein théâtre, ces odieuses paroles : Plût au ciel que le peuple romain n'(*avoir*) qu'une seule tête, et que je (*pouvoir*) l'abattre d'un seul coup !

Avant que les Francs n'(*envahir*) la Gaule, ils habitaient la rive droite du cours inférieur du Rhin, ainsi que les côtes de la mer du Nord.

Avant que Pyrrhus ne (*venir*) secourir les Tarentins attaqués par les Romains, ces derniers n'avaient jamais vu d'éléphants.

Je vous avais bien dit qu'il fallait que je me (*hâter*) si je ne voulais pas manquer le chemin de fer.

Bien que la plupart des historiens (*attribuer*) à Christophe Colomb la découverte de l'Amérique, il n'en est pas moins incontestable que les Danois, vers l'an 1000 de notre ère, avaient déjà pénétré dans ce vaste continent, et qu'ils s'y étaient établis en plusieurs endroits.

Pour réussir, il eût été nécessaire que vous (*déployer*) plus de persévérance.

Pythagore exigeait que les personnes aspirant à entrer dans son institut (*observer*) pendant cinq ans un silence absolu.

Certain général accueillait durement ceux qui se présentaient devant lui sans autre recommandation qu'un extérieur soigné. Ayant été un jour abordé par un jeune homme tout couvert de parfums : J'aimerais mieux, lui dit-il, que vous (*sentir*) l'ail.

Il arrivait souvent que les guerriers francs (*passer*) le jour et la nuit à boire ; de telles orgies n'étaient l'objet d'aucun blâme.

Les sauvages d'Amérique pratiquent l'hospitalité; il serait inouï qu'un étranger se (*présenter*) dans une peuplade sans y être reçu généreusement ; mais il est douteux que ces Peaux-rouges (*sentir*) ou (*exiger*) aucune reconnaissance.

Il fallait que Jésus-Christ se (*faire*) homme et qu'il (*mourir*) sur la croix pour racheter le genre humain du péché de notre premier père.

Henri IV souhaitait que tous les paysans de ses États (*pouvoir*) mettre chaque dimanche la poule au pot.

Avant que les hommes (*imaginer*) d'employer la force du vent ou celle d'un courant d'eau pour faire tourner les meules à écraser le blé, ils se servaient de petits moulins à bras.

Les anciens étaient réduits à ne naviguer qu'à une faible distance des côtes, faute de boussoles qui (*diriger*) leur route en pleine mer.

### PLUS-QUE-PARFAIT DU SUBJONCTIF.

Quelle n'(*être*) pas l'admiration des anciens pour les grandes découvertes du dix-neuvième siècle s'ils avaient pu les contempler ! L'application des propriétés de la vapeur d'eau à la locomotion, la télégraphie électrique, la photographie, les prodiges de la physique et de la chimie les (*ravir*) d'étonnement; ils nous (*prendre*) pour des dieux ou du moins pour des génies intermédiaires entre l'homme et la divinité, quoique, comme eux, nous ne soyons en réalité que des hommes.

O Fabricius ! que (*penser*) votre grande âme si, pour votre malheur, rappelé à la vie, vous (*voir*) la face pompeuse de cette Rome sauvée par votre bras, et que votre nom respectable avait plus illustrée que toutes ses conquêtes ?

Supposez un instant qu'ici-bas la Providence (*disposer*) les choses de telle sorte que l'eau ne (*faire*) pas exception à la loi de dilatation des corps sous l'influence de la chaleur:

la glace (*être*) plus lourde que l'eau ; à peine formée à la surface des lacs, des fleuves et des rivières, elle (*tomber*) au fond ; une nouvelle couche liquide (*se congeler*) qui (*avoir*) bientôt le même sort, et cette congélation se continuant de proche en proche, tout (*être*) à jamais glacé sur la surface de notre globe ; les végétaux ne (*pouvoir*) s'y développer, ni des animaux y subsister un seul instant.

Saint Louis disait que s'il arrivait que la justice (*être*) bannie du reste de la terre, on (*devoir*) la retrouver dans le cœur des rois.

S'il nous fallait étudier à fond une seule branche de l'histoire naturelle, nous y consacrerions en vain toute notre existence ; la mort nous surprendrait avant que nous (*atteindre*) le but de nos travaux.

Autrefois, pour que deux hommes (*se confier*) à une frêle embarcation et (*effectuer*) dans une véritable coquille de noix, comme nous l'avons vu récemment, la traversée d'Angleterre en Amérique, il (*falloir*) plus que du courage, il (*falloir*) une témérité poussée jusqu'au mépris de la vie.

---

## RÉCAPITULATION GÉNÉRALE.

### Exercices sur l'ensemble des règles de la Grammaire.

Les souverains vainqueurs font chanter des (*Te Deum*) que bien des mères traduisent en *De profundis*.

Les jeunes filles (*obéissant*) sont la joie de leurs familles.

Souvenez-vous qu'il faut que vous (*plier*) sous la loi.

Six rois se sont (*succéder*) sur le trône de France depuis François Ier jusqu'à Henri IV inclusivement.

Vous aviez mérité qu'on vous (*faire*) de sanglants reproches.

Les architectes du moyen âge se sont (*plu*) à couvrir leurs chapiteaux d'ornements empruntés à la nature végétale.

Ton frère ou le mien (*nommer*, fut. passif) président de notre conseil d'arrondissement.

6

Le malade nous adressa d'une voix (*mourant*) ses dernies adieux.

Le missionnaire anglais Kendall a fait connaître aux savants de l'Europe l'hymne (*national*) des habitants de la Nouvelle-Zélande.

Les jeunes gens que nous avons (*entendu*) déclamer les plus beaux morceaux de nos poëtes tragiques promettaient de devenir des (*Lekain*) ou des (*Talma*).

L'hospice des (*Quinze-Vingt*) fut fondé par saint Louis en faveur de (300) chevaliers, à qui les Sarrasins avaient (*crevé*) les yeux.

Ton frère ou toi (*venir*, futur) cette après-midi pour aller à la promenade.

La petite Marie commence à apprendre à lire : (*cet*) enfant est véritablement (*charmant*).

Les enfants de chœur de la cathédrale ont chanté (*juste*, § 112) les (*stabat*) de la semaine sainte et les (*alleluia*) du jour de Pâques.

Je veux que mes enfants (*savoir*) lire et écrire correctement (*des* ou *dès*) l'âge de huit ans.

(*Veiller*)-je ou suis-je bien éveillé?

Les (*Homère*), les (*Eschyle*), les (*Pindare*), les (*Shakespeare*), les (*la Fontaine*) sont des génies originaux.

Les magasins que nous avons (*vu*) piller par l'ennemi étaient (*rempli*) de vivres et de munitions.

Si vous étiez mon fils, j'exigerais que vous (*rentrer*) chez moi exactement aux heures des repas.

Ma mère et ma tante sont (*allé*) passer huit jours à la campagne; mon frère et ma sœur sont (*parti*) pour les y rejoindre.

Vous vous êtes (*arrogé*) des droits qui ne vous appartenaient pas.

Les actrices que nous avons (*entendu*) chanter, étaient (*tout*) étonnées de n'être pas applaudies davantage.

Le cordonnier a-t-il rapporté les chaussures que nous lui avons (*donné*) à raccommoder?

La pierre à bâtir, le marbre, la craie, la coque d'un œuf,

la coquille d'un escargot, celle d'une huître (*constituer*) aux yeux du chimiste une seule et unique substance.

Les orgues les plus (*estimé*) ne peuvent rendre des sons aussi moelleux que ceux des harpes éoliennes.

Les (*arc-en-ciel*) lunaires sont infiniment plus rares que ceux qui ont lieu par la décomposition des rayons du soleil.

La peur et la honte (*glacer*, parf. déf.) la langue de Démosthène lorsqu'il fut envoyé en ambassade.

Votre frère et moi (*tenter*, fut.) cet été l'ascension des principaux pics des Pyrénées.

(*Parce que, par ce que*, § 117) vous m'avez dit, j'ai compris toutes les choses que vous aviez sous-(*entendu*).

Avez-vous (*cueillir*) quelques-uns de ces beaux fruits que que nous avons (*vu*) (*pendant*) aux arbres sur le bord de la route?

Les pluies qu'il y a (*eu*) ces trois dernières semaines, on déterminé des inondations désastreuses.

Louis XIV ayant vu entre les mains de madame de Maintenon un mémoire de Racine sur la réforme des impôts, se courrouça contre ce poëte, et s'écria : (*parce que, par ce que*) il sait parfaitement faire des vers, croit-il tout savoir?

Les (*œil*) du bouillon ne sont pas toujours un indice de sa bonne qualité.

Les infortunes que vos cousins se sont (*empressé*) de soulager, étaient de celles contre lesquelles la volonté de l'homme est devenue impuissante.

Le diamant, l'anthracite, la houille, les lignites, les tourbes (*provenir*) de végétaux en décomposition.

Que deviendrait l'homme s'il ne s'était pas construit des outils et des machines, si (*ses, ces*) forces et (*ses, ces*) moyens ne s'étaient (*multiplié*) par des combinaisons mécaniques, si (*ces, ses*) mains ne s'étaient (*armé*) de ces instruments divers qui (*suppléer*, ind. prés.) à leur mollesse ou à leur inhabileté?

## 137. LE RUISSEAU (FABLE).

( Remplacez *ruisseau* par *rivière*, *pré* par *prairie*, et faites dans les phrases les
changements qui en résultent. )

*Un tout petit ruisseau*, *sorti* des flancs d'une montagne,
ne s'était pas encore *hasardé* à s'éloigner des lieux qui
l'avaient *vu* naître. A la fin, *tourmenté* du désir de parcourir le monde, *il* dit adieu aux rochers qui furent son ber-
ceau, et *le* voilà *parti*. D'abord, *il* fut *émerveillé* de tout ce
qui s'offrit à ses regards. *Poussé* par une curiosité d'autant
plus vive qu'elle avait été longtemps contenue, le *chétif
ruisseau* s'avançait toujours, *insouciant* de l'avenir. Bien
qu'*il* se sentît quelquefois *harassé* de fatigue, bien que, par
intervalles, *il* fût *forcé* de s'arrêter *tout haletant*, *suffoqué*
par la chaleur du jour, *il* poursuivait bravement son voyage.
Ayant par hasard rencontré *un pré émaillé* de fleurs et de
verdure, et *disposé* à souhait pour le plaisir des yeux, *le
ruisseau enchanté* du paysage et *persuadé* qu'*il* coulerait
doucement sa vie dans un si bel endroit, prit la résolution
de s'y fixer. S'y étant *installé* du mieux qu'*il* put, et s'étant
creusé un lit mollet au milieu de ce *pré délicieux*, il vécut
*clair*, *pur*, limpide et tranquille. S'*il* n'avait pas augmenté
le volume de ses eaux, du moins ne s'était-*il* pas *amoindri*.

Son bonheur allait s'accroître encore, puisqu'*il* devait être
*appelé* à exercer la bienfaisance. Pour n'être pas *réjoui* à la
pensée de faire des heureux, il eût fallu qu'*il* eût été déjà
*flétri* au contact des méchants ; mais telle n'était pas sa situation. Non loin de *lui* languissaient de vieux saules desse-
chés par les ardeurs de l'été. Nous périssons, secourez-nous,
dirent-ils à leur jeune *voisin ;* vous n'avez que deux pas
à faire pour venir rafraîchir notre feuillage, et en retour nous vous garantirons des feux brûlants du soleil.
*Touché* de leur prière, non moins qu'*ému* de leur détresse,
*le ruisseau* se montra *tout prêt* à les obliger. Les pauvres
gens furent bien vite ranimés, grâce à l'action salutaire de
ses eaux. Ils reverdirent en quelques jours et furent prompt-
tement en état d'abriter leur *bienfaiteur* du couvert de leur
ombre. Longtemps, *le ruisseau* vécut ainsi *heureux* et *pai-*

*sible, attentif* à procurer à ses amis les saules la fraîcheur dont ils avaient besoin, mais *ignoré* du reste de l'univers.

Un jour, jour de bien triste mémoire, *il* s'ennuya de ce bonheur secret : Je suis bien *bon*, dit-*il*, de m'astreindre à séjourner ici pour le seul intérêt de mes voisins ! Et le *ruisseau* de reprendre aussitôt la vie errante qu'*il* avait autrefois menée. *Il* s'élance à travers les campagnes. *Frappé* par les rayons du soleil, *épuisé* chaque jour davantage, regrettant, mais trop tard, son existence sédentaire en compagnie des vieux arbres, notre *vagabond* finit par s'égarer parmi les sables d'un aride désert. Un feu brûlant *le* mine peu à peu, *le réduit* chaque jour davantage; *le pauvret* voit approcher l'instant où *il* sera entièrement *tari*. Enfin, près d'être *anéanti*, *il* veut rendre un dernier service : Enfants, dit-*il* d'une voix mourante, n'abandonnez pas la vieillesse au milieu de ses infirmités; secourez-la, elle vous donnera en échange des conseils qui prolongeront vos jours jusqu'au terme le plus reculé!

---

### 138. LE RENARD.

Mettez au singulier tous les mots en italique.

*Les renards sont* fameux par *leurs* ruses et *méritent* en partie *leur* réputation; ce que *les loups* ne *font* que par la force, *ils* le *font* par adresse, et *réussissent* plus souvent. *Ils* emploient plus d'esprit que de mouvement; *leurs* ressources semblent être en *eux-mêmes;* ce sont, comme l'on sait, celles qui manquent le moins. *Fins* autant que *circonspects*, ingénieux et *prudents*, même jusqu'à la patience, *ils varient leur* conduite; *ils ont* des moyens de réserve qu'*ils savent* n'employer qu'à propos. *Ils veillent* de près à *leur* conservation; quoique aussi *infatigables*, et même plus *légers* que *les loups*, *ils* ne se *fient* pas entièrement à la vitesse de *leur* course; *ils savent* se mettre en sûreté en se pratiquant un asile où *ils* se *retirent* dans les dangers pressants, où *ils* s'établissent, où *ils élèvent leurs* petits; *ils* ne *sont* point *animaux vagabonds*, mais *animaux domiciliés*.

*Les renards tournent* tout à *leur* profit; *ils* se *logent* au bord des bois, à portée des hameaux; *ils écoutent* le chant des coqs et le cri des volailles; *ils* les *savourent* de loin, *ils prennent* habilement *leur* temps, *cachent leur* dessein et *leur* marche, se *glissent*, se *traînent, arrivent*, et *font* rarement des tentatives inutiles. S'*ils peuvent* franchir les clôtures, ou passer par-dessous, *ils* ne *perdent* pas un instant, *ils ravagent* la basse-cour, *ils* y *mettent* tout à mort, se *retirent* ensuite lestement en emportant *leur* proie, qu'*ils cachent* sous la mousse ou *portent* à *leur* terrier; *ils reviennent* quelques moments après en chercher une autre, qu'*ils emportent* et *cachent* de même, mais dans un autre endroit; ensuite une troisième, une quatrième, etc., jusqu'à ce que le jour ou le mouvement *les* avertisse qu'il faut se retirer et ne plus revenir. *Ils font* la même manœuvre dans les pipées et dans les boqueteaux où l'on prend les grives et les bécasses au lacet; *ils devancent* le pipeur, *vont* de très-grand matin, et souvent plus d'une fois par jour, visiter les lacets, les gluaux, *emportent* successivement les oiseaux qui se sont empêtrés, les *déposent* tous en différents endroits, surtout au bord des chemins, dans les ornières, sous de la mousse, sous un genièvre, les y *laissent* quelquefois deux à trois jours, et *savent* parfaitement les retrouver au besoin. *Ils chassent* les jeunes levrauts en plaine, *saisissent* quelquefois les lièvres au gîte, ne les *manquent* jamais lorsqu'ils sont blessés, *déterrent* les lapereaux dans les garennes, *découvrent* les nids de perdrix, de cailles, *prennent* la mère sur les œufs, et *détruisent* une quantité prodigieuse de gibier.

---

**139. PRIÈRE A DIEU A LA VUE DES MERVEILLES DE LA NATURE.**

Mettez au pluriel tous les mots en italique.

O mon Dieu! si l'*homme* ne *te découvre* point dans ce beau spectacle que *tu lui donnes* de la nature entière, ce n'est pas que *tu sois* loin de *lui*. Il *te touche* comme avec la main; mais les passions emportent toute l'application de *son* esprit. *Tu te montres* partout, et partout l'*homme distrait néglige* de t'apercevoir. Toute la nature parle de *toi;* mais elle parle à *un sourd* dont la surdité vient de ce qu'*il s'étourdit* toujours *lui-même. Tu es* auprès *de lui* et au dedans de *lui;* mais *il est fugitif* et *errant* hors de *lui-même. Il te trouverait s'il te cherchait* au dedans de *lui-même;* mais l'*impie* ne *te perd* qu'en se perdant.

Hélas! *tes* dons qui *lui* montrent la main d'où ils viennent, *l'*amusent jusqu'à *l'*empêcher de la voir. *Il vit* de *toi,* et *il vit* sans penser à *toi;* ou plutôt *il meurt* auprès de la vie, faute de s'en nourrir. *Il s'endort* dans *ton* sein tendre et paternel; et, *plein* des songes trompeurs qui *l'*agitent pendant *son* sommeil, *il* ne *sent* pas la main puissante qui *le* porte. Si *tu étais* un corps stérile, impuissant et inanimé, tel qu'une fleur, une rivière, une maison, un tableau ou un métal inutile qui n'a que peu d'éclat, *il t'apercevrait* et *t'attribuerait* follement la puissance de *lui* donner quelques plaisirs. Si *tu n'étais* qu'un être fragile et inanimé, *tu serais* un objet proportionné à ses pensées mesquines. Mais parce que *tu es* trop au dedans de *lui-même,* où *il* ne *rentre* jamais, *tu lui es* un Dieu caché. L'ordre et la beauté que *tu répands* sur la face de *tes* créatures sont comme un voile qui *te* dérobe à leurs yeux malades. Enfin, parce que *tu es* une vérité trop haute et trop pure, *l'homme rendu semblable* aux bêtes ne *peut te* concevoir.

O misère, ô nuit affreuse! ô monstrueuse stupidité! *L'homme* n'a des yeux que pour voir des ombres, et la vérité *lui* paraît un fantôme! *Celui* qui ne *te voit* point n'a rien vu; *celui* qui ne *te goûte* point n'a jamais rien senti. *Lève-toi,* Seigneur, *lève-toi!* Qu'à *ta* vue *ton ennemi* se *fonde* comme la cire et s'*évanouisse* comme la fumée! Malheur à *l'homme impie* qui, loin de *toi,* est sans Dieu, sans espérance, sans éternelle consolation! Déjà heureux *celui* qui *te cherche,* qui *soupire* et qui *a* soif de *toi!* Mais pleinement heureux *celui* sur qui rejaillit la lumière de *ta* face, dont *ta* main a essuyé les larmes, et dont *ton* amour a déjà comblé les désirs!

FIN.

# TABLE DES MATIÈRES.

SAINT-CLOUD. — IMPRIMERIE DE Mᵐᵉ Vᵉ EUG. BELIN.

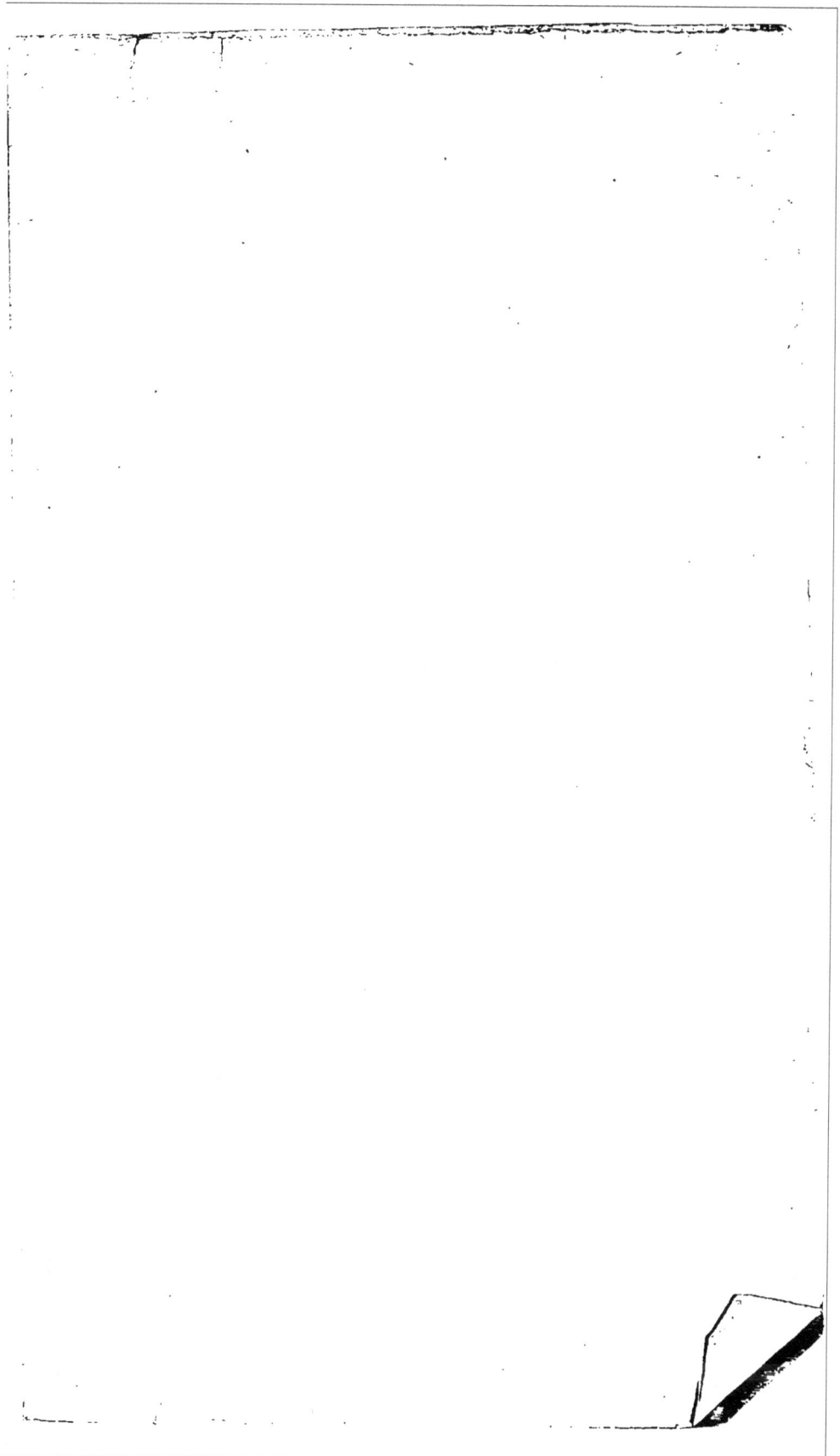

www.ingramcontent.com/pod-product-compliance
Lightning Source LLC
Chambersburg PA
CBHW052056270326
41931CB00012B/2780